윤리학
행복은 도덕과 갈등하는가?

민음 지식의 정원 철학편

002

윤리학

행복은 도덕과 갈등하는가?

편상범

머리말 행복은 도덕과 갈등하는가? 6

1 **행복을 위해서가 아니라면 도덕이 왜 필요한가?** 9
사람은 무엇을 원하는가? | 쾌락주의의 결론은?
행복에 기여하지 않는 도덕이 쓸모가 있는가? | 행복을 계산한다는 의미는? |
오늘날의 공리주의는 어떤 모습일까?

2 **최대 다수의 최대 행복이면 다 되는가?** 27
행복은 계산되는가? | 최대 행복의 원칙 앞에서 우리는 평등한가?
누구에게도 손해만 없으면 되는가? | 계산되지 않는 가치는 어떻게 될까?

3 **문제는 당장의 고통과 악이 아닐까?** 45
자유주의란 무엇인가? | 쾌락과 고통은 같은 차원에 있는가?
참과 거짓, 무엇이 더 결정적인가? | 소극적 공리주의에 어울리는 사회
개혁은? | 나의 행복과 너의 고통이 충돌한다면? | 눈앞에 드러난 고통만
당장 제거하면 되는가?

4 **행복으로 도덕을 말할 수 있는가?** 61
그 자체로 선한 것은 무엇인가? | 도덕적으로 훌륭하다는 것은?
의무를 다하면 도덕적일까? | 도덕의 근원은 감정인가, 이성인가?

5 **도덕 명령에는 예외가 없는가?** 83
도덕법칙이란? | 무조건 따라야 하는 명령이 있을까?
거짓말은 무조건 안 되는가? (1) | 거짓말은 무조건 안 되는가? (2)

6 우리는 진정 자유로운 존재인가? 101

자유가 있음을 어떻게 확신할 수 있을까? | 자유의 진정한 의미는?
현대 사회를 일군 근대의 정신은? | 이성적 존재로서 인간의 운명은?
개인주의란 과연 무엇인가?

7 행복은 어떤 의미일까? 119

삶의 궁극적인 목적은 무엇인가? | 행복이란 무엇인가?
에우다이모니아는 행복인가? | 행복은 주관적인가, 객관적인가?

8 인간의 행복은 동물의 행복과 어떻게 다른가? 137

인간의 행복은 정해져 있는가? | 인간의 행복이란?
돈 없이도 행복할 수 있을까? | 이성이란 무엇인가?
공부하면 행복한가? | 도덕적인 행동은 우리를 행복하게 해 줄까?

9 도덕은 인간의 본성을 억제하는가? 157

신이 죽었다면? | 도덕은 관습인가? | 도덕은 자연의 법칙인가?
사실과 가치의 관계는? | 인간의 본성은 어떤 것일까?

10 행복한 삶이란 무엇일까? 179

행복은 도덕과 갈등하는가? | 인간은 모두 이기적인가?
나의 욕망은 나 혼자서 만드는 것인가? | 인간은 한 사회 체계의 부속품일
뿐인가? | 악은 어디에 있는가?

더 읽어 볼 책들 197

머리말 행복은 도덕과 갈등하는가?

철학의 여러 분야 중에서 우리의 구체적인 삶의 문제를 가장 직접적으로 다루는 분야는 바로 윤리학이다. 선과 악, 옳고 그름, 행복, 도덕, 의무, 정의, 자유, 욕망, 쾌락 등 윤리학에서 문제 삼는 개념들은 명시적으로든 암묵적으로든 모두 일상에 깊이 개입하여 우리의 행동을 간섭한다. 그러므로 윤리학의 문제는 단지 이론적 문제가 아니라 "어떻게 살아야 할까?" 또는 "어떻게 행동해야 하는가?"와 같은 구체적이고 실존적인 문제라 할 수 있다.

우리는 도덕적 행위가 행복을 가로막는 것처럼 보일 때, 내가 왜 도덕적으로 살아야 하는가 라는 의문에 빠진다. 이 질문에 우리는 모두 행복하기 위해 사는 것이며, 윤리니 도덕이니 하는 것도 모두 행복에 기여할 때 그 의미가 있다고 대답한다면 이러한 입장은 '행복주의 윤리학'이라고 할 수 있다. 그중에서 가장 대표적인 이론이 최대 다수의 최대 행복이라는 원칙으로 유명한 공리주의다. 우리는 이제 1장과 2장에서 공리주의를 소개하고 문제점을 살펴볼 것이다. 공리주의를 가장 먼저 다루는 이유는 이 사상이 자본주의적이며 자유주의적인 오늘날의 생각을 대표하는 윤리설이라고 할 수 있기 때문이다. 3장은 최근의 신자유주의적 경향과 매우 가까운 칼 포퍼의 소극적(부정적) 공리주의를 다룬다. 결국 1~3장은 오늘날 우리들의 가장 상식적인 사상을 정리하고 반성하는 부분이라고 할 수 있다.

행복이나 이익 등을 얻기 위한 계산된 행동은 영리한 행동일 수는 있어도 도덕적인 것은 아니라고 생각할 수 있다. 그래서 순수한 동기에서 선을 행했을 때만 도덕적이라고 생각한다. 이렇게 생각한다면 이는 '칸트의 도덕 개념'과 일치한다. 4~6장에서는 주로 칸트의 의무론적 윤리를 다룬다. 칸트의 사상은 시기적으로 공리주의보다 과거의 것이지만, 마치 공리주의적인 세상을 예견이라도 한 듯이 공리주의의 문제점을 가장 명확하게 지적하고 있다. 근대 윤리의 두 축이라고 할 수 있는 공리주의와 칸트의 윤리학을 비교하고 검토하는 일은 윤리적 사고를 명료하게 하는 데 매우 중요하다.

도덕적인 사람이라면 도덕적인 삶을 살 때에 행복을 느낀다. 행복과 도덕의 관계는 사람의 도덕적 성품에 달려 있다고 생각한다. 이는 '덕윤리'의 입장이라고 할 수 있다. 최근에 근대 윤리학을 극복할 수 있는 새로운 대안으로 제시되기도 하는 덕윤리는 고대 그리스의 아리스토텔레스 윤리학에 뿌리를 두고 있다. 또한 덕윤리는 동양의 전통적인 윤리와도 매우 유사한 측면이 있다. 7~8장에서 우리는 오늘날 우리가 무엇을 잊고 있는지, 그리고 과연 그 오래된 윤리학을 기억할 필요성이 있는지 검토할 것이다.

끝으로 9~10장에서는 앞에서의 논의들을 기초로 도덕의 근거(종교와 도덕, 관습과 도덕, 자연과 도덕), 사실과 가치, 인간의 본성과 도덕성, 이기주의와 인간의 욕망, 사회와 개인 등 중요한 윤리학적 문제들을 함께 생각해 보면서 행복과 도덕의 관계를 정리해 볼 것이다.

우리는 행복하게 살기 위해 많은 노력을 기울이면서도 정작 행복이 무엇인지에 관해서는 잘 묻지 않는다. 또한 행복이 무엇인지는 이미 다 알고 있고, 행복을 실현할 수단만 확보하면 되는 것처럼 살고 있다. 돈, 명예, 권력, 사랑 등을 얻기만 하면 행복할 수 있다고 생각한다. 그러나 모든 탐구와 성찰은 당연한 것에 의문을 갖는 데서 시작한다. 행복이란 무엇인가? 도덕이란 무엇인가? 도덕적으로 살면 과연 행복한가? 도덕은 행복과 상관없이 지켜야 하는 것인가? 도대체 내가 왜 도덕적으로 살아야 하는가? 인간의 삶에는 목적이 있는가? 공부하면 행복해지는가? 도덕의 근거는 무엇일까? 내 마음대로 살면 안 되는가? 인간은 모두 이기적인가?

1

행복을 위해서가 아니라면 **도덕**이 왜 필요한가?

– 사람은 무엇을 원하는가?
– 쾌락주의의 결론은?
– 행복에 기여하지 않는 도덕이 쓸모가 있는가?
– 행복을 계산한다는 의미는?
– 오늘날의 공리주의는 어떤 모습일까?

사람은 무엇을 원하는가?

우리에게 이런 숙제가 주어졌다고 하자. "개구리의 행복은 어떤 것일까?" 행복이란 말은 사람에게만 쓸 수 있다고 생각한다면 '잘 산다'라는 말로 바꾸어도 좋다. 그렇다면 "개구리는 어떻게 해야 잘 사는 것일까?" 이제 이 숙제를 어떻게 해결해야 할까? 개구리를 직접 관찰하든지, 아니면 개구리 또는 양서류 전문가에게 도움을 청해야 할 것이다. 그런데 무엇을 관찰하고 무엇을 물을까? 개구리는 어떤 것을 좋아하는지 관찰하고, "개구리는 무엇을 좋아하나요?"라고 물을 것이다. 그리고 개구리가 좋아하는 물의 온도, 풀의 종류, 먹이 등 개구리가 원하는 조건들을 알아볼 것이다. 개구리의 행복을 알려면 우선 개구리가 무엇을 좋아하는지 알아야 하기 때문이다.

이제 개구리가 아닌 우리 인간들의 행복에 대해 생각해 보자. "사람의 행복은 무엇인가?" 이번에는 개구리 숙제보다 쉬울 것 같다. 왜냐하면 우리가 개구리 마음을(마음이 있다고 가정하면) 알 수는 없지만, 사람의 마음은 자신의 마음을 들여다보면 알 수 있으니 말이다. 또한 여러 사람들의 생각을 조사하면 말이나 글로 된 답변을 얻을 수 있을 것이다. 어쩌면 사람들이 거짓 답변이나 위선적인 생각을 말할 수도 있으니, 그들의 행동을 유심히 관찰하는 방법도 좋겠다. 그런데 무엇을 관찰할까? 이번에도 역시 사람들이 무엇을 좋아하고 무엇을 싫어하는지를 알아보는 것이 좋다. 사람의 행복을 알려면 사람이 무엇을 좋아하는지를 알아야 하기 때문이다. 그래서 우리는 행복을 좋은 것, 즉 선(善)에서 찾아보려는 것이다.

그런데 사람의 생각이나 행동은 매우 복잡하고 다양해서 사람마다 좋아하는 것이 다 다를 것이다. 개구리 숙제보다 결코 쉽지 않다. 사람들은 각각 생각이 다르고 행동하는 목적도 다른데 그것들을 어떻게 묶을 수 있을까? 여기서 사람들이 원하는 것은 한마디로 '쾌락'이라고 과감하게 대답한 사람들이 있으니, 우리는 이들을 **쾌락주의자**라고 부른다.

쾌락주의자들은 쾌락이 최고의 선일뿐만 아니라 도덕의 근본원리라고 주장한다. 쾌락주의에서는 쾌락을 추구하고 고통을 멀리하는 것이 바로 선이며, 인간이 추구해야할 목적이다. 쾌락이 바로 인간이 원하는 것이기 때문이다. 이러한 쾌락주의는 멀리 고대 그리스의 키레네학파와 에피쿠로스(Epicouros, B.C.341~B.C.270) 등의 주장이며 근대에는 '최대 다수의 최대 행복' 원리로 유명한 **공리주의**가 대표적이라고 할 수 있다.

쾌락주의에 대해 좀 더 살펴보기 전에 매우 중요한 철학적 문제를 잠시 언급해야겠다. 쾌락주의자들은 무슨 근거로 인간이 추구해야 할 선이 쾌락이라고 주장하는가? 그 근거는 바로 인간이 쾌락을 원한다는 사실이다. 개구리의 행복을 알려면 개구리가 원하는 것을 알아야 하듯이, 인간의 행복이 무엇인지를 알려면 인간이 원하는 것을 알아야 하며, 바로 그것이 인간이 추구해야 할 선이다. 그래서 쾌락이 곧 선이며, 쾌락을 추구하는 행동이 당연히 올바른 행동이다. 이 정도면 훌륭한 답변이 아닐까? 그러나 이것은 철학적으로 좀 더 검토해야 할 답변이기도 하다.

사람들은 쾌락을 원한다는 사실이 맞다고 하자. 그렇다면 쾌락을 추구하는 것이 곧 선이고 옳은 일인가? 사람이 쾌락을 원한다는 심리적 사실이, 쾌락은 선이라는 윤리적 주장을 정당화해 줄 수 있을까? 예를 들어 아이들이 모두 단것을 원한다고 해서 아이들에게 단것을 먹이는 것이 곧 선이고 올바른 행동이라고 할 수 있을까? 아이들은 당장의 쾌락이나 고통을 미래의 것과 저울질하기 어려우니 적절한 예가 아니라고 하자. 그렇다면 모든 성인이 원한다면 그것이 선인가? 이 문제는 '사실과 가치' 또는 '존재와 당위'의 관계를 다룰 때 본격적으로 다루기로 하고, 여기서는 문제만 잘 기억하도록 하자. 사람들이 쾌락을 원한다는 사실로부터 쾌락은 곧 선이라는 주장이 나올 수 있는가?

쾌락주의의 결론은?

쾌락주의는 과감하고 매우 솔직해 보인다. 우리들 마음속에는 쾌락을 원하는 강한 충동이 있음을 부인하기 어렵다. 쾌락주의가 솔직하게 보이는 이유도 아마 우리 마음속의 욕망, 평상시에는 체면으로 덮어 두었던 은밀한 진실을 폭로하기 때문일 것이다. 도덕은 이러한 욕망을 가리는 포장에 불과하거나, 아니면 더 크고 안전한 쾌락을 얻기 위한 전략일지도 모른다.

실제로 자본주의적인 우리들의 삶은 지극히 쾌락적이다.

끊임없이 생산하고 소비하며, 새로운 욕망과 쾌락을 창조한다. 쾌락주의가 설득력 있게 들리는 또 다른 이유는 우리들의 자본주의적 삶을 잘 설명해 주기 때문인지도 모른다. 이렇게 우리들에게 친숙하면서도 은밀한 쾌락주의는 꽤 오래된 역사를 갖고 있다.

고대 그리스의 키레네학파 사람들은 쾌락만이 선이며, 행복은 쾌락으로 이루어져야 한다고 주장했다. 행복은 과거, 현재, 미래의 쾌락을 모두 합한 것이다. 그러나 과거는 이미 지나갔고, 미래는 불확실하니 오직 현재의 쾌락만 추구할 것을 권한다. 이들이 처음에 추구한 쾌락이란 물질적, 육체적 즐거움이었다. 그러나 이러한 육체적 쾌락은 잠깐의 만족을 줄 뿐이며 추구하면 추구할수록 끝없는 욕구에 시달리게 되는, 이른바 쾌락주의의 역설에 빠지게 된다. 쾌락의 추구가 오히려 고통을 낳게 되는 것이다.

그래서 후기 키레네학파 사람들은 쾌락의 적극적인 추구가 아니라 차라리 고통이 없는 평온한 상태를 추구하게 되었으며, 육체적이나 정신적으로 고통이 없는 삶을 인생의 목적으로 삼게 된다. 그중의 한 사람인 헤게시아스(Hegesias, B.C.3세기경)는 결국 죽음을 통해서만 고통이 없는 상태에 도달할 수 있다는 우울한 결론에 도달한다.

쾌락주의자로 유명한 에피쿠로스도 쾌락은 고통의 결여이고, 정적인 쾌락이 동적인 쾌락보다 우월하며, 정신적 쾌락이 육체적 쾌락보다 더 바람직하다고 주장한다. 그의 결론은 '고통도 불만도 없이 고요하고 평온한 마음의 상태'를 얻는 것이 삶의 참된 목적이라는 것이다. 이러한 마음 상태를 아타락시아라고 부른다. 이쯤 되면 쾌락주의의 결론은 엉뚱하게도 금욕주의와 크게 다르지 않다. 하지만 이러한 결론은 자본주의에게는 위협적이다. 인간의 끝없는 욕망과 쾌락으로 유지되는 것이 시장이고 자본주의이기 때문이다.

어쨌든 이들의 쾌락은 오직 나의 쾌락이며 나의 행복이라는 점에서 이기적 쾌락주의라고 할 수 있다. 그러나 우리가 앞으로 살펴볼 공리주의는 나만의 이기적 쾌락을 주장하는 것이 아니라 사회 전체의 쾌락을 주장한다. 나만의 행복이 아니라 '최대 다수의 최대 행복'이어야 한다는 주장이다.

행복에 기여하지 않는 도덕이 쓸모가 있는가?

"자연은 인류를 쾌락과 고통이라는 두 군주의 지배 아래 두었다." 공리주의를 주장한 영국의 벤담(Jeremy Bentham,

1748~1832)이 한 말이다. 모든 인간은 쾌락을 바라며 고통을 두려워하도록 되어 있다는 것이다. 쾌락과 고통 중에서 무엇을 택하겠냐고 물으면 일부러 고통을 선택하는 사람은 아마 없을 것이다. 물론 스스로 고통을 선택하는 경우도 있겠지만 (고행하는 사람처럼) 그것은 대개 나중의 더 큰 쾌락을 위해서일 것이다. 아무 이유 없이 고통을 택한다면 피학대음란증(마조히즘)으로 의심받을지 모른다. 그런데 마조히스트도 고통을 통해 일종의 쾌락을 맛보는 사람이라고 말할 수 있으니, 그도 역시 쾌락을 추구한다고 할 수 있겠다. 인간은 어쩔 수 없이 자신의 쾌락을 추구하는 이기적 존재인 것 같다.

  인간의 행복이란 거창하고 엄숙한 어떤 것이 아니라, 쾌락을 추구하고 고통을 회피하는 것일 뿐이다. 벤담을 계승한 밀(John Stuart Mill, 1806~1873) 역시 행복이란 적극적인 의미로는 쾌락이며, 소극적인 의미로는 고통의 결여라고 말한다. 옳고 그름을 논하는 도덕 이론은 이러한 사실 위에 전개되어야 한다는 것이 공리주의의 기본 입장이다. 앞에서도 말했듯이 공리주의는 일종의 쾌락주의이다.

  공리주의자에게는 행복에 기여하는 행위가 옳은 행위이다. 불행을 낳는 행위는 당연히 나쁜 행위가 될 것이다. 그런데 행복은 쾌락이므로 쾌락을 낳는 행위가 곧 옳은 행위이다. 쾌락을 추구하고 고통을 회피하는 것이 바로 행복이며, 이는 누구나 바라는 유일한 목적이다. 이 목적에 의해 인간의 행위가 평가되어야 한다. 행위는 그 목적에 얼마나 기여하느냐, 즉 얼마나 쓸모 있느냐에 의해 평가된다. 그러므로 도덕성의 기준은 쓸모 있음, 즉 유용성(utility)이다. 행복에 기여하지 않는 도덕이 무슨 쓸모가 있겠냐는 말이다.

인간의 행위 그 자체는 선도 악도 아니다. 단지 그 행위의 결과가 쾌락을 낳거나 고통을 감소시키면 그것이 선한 행위이며 그 반대는 악한 행위이다. 행위의 의도나 동기는 중요하지 않다. 선한 의도였다고 해도 결과적으로 고통을 증가시키고 말았다면 그 행위는 악이다. 이처럼 행위의 도덕성, 즉 행위의 선악은 행위의 결과에 의해 판단되어야 한다는 도덕 이론을 우리는 '결과주의'라고 부른다. 반면에 행위의 동기가 선악의 기준이라고 보는 입장은 '동기주의'라고 한다. 공리주의는 결과주의이다.

그러면 나의 쾌락만 얻는다면 그 행위는 무조건 선인가? 아니다. 과거의 쾌락주의와는 달리 공리주의는 자신만의 이기적 쾌락을 주장하지 않는다. 인간은 자신의 쾌락을 추구하고 자신의 고통을 회피하려는 이기적 존재임이 틀림없다. 하지만 타인을 무시하고 이기적으로만 행동한다면 그 결과는 오히려 더 큰 고통을 낳게 될 것이기 때문에 인간은 결코 이기적일 수만은 없다. 그리므로 인간은 자신만의 행복이 아닌 전체의 행복을 도모하려고 하며 그것이 바로 올바른 행동이다. 그래서 옳고 그름의 기준은 '나만의 행복'이 아니라 '최대 다수의 최대 행복'이다.

자신만의 쾌락이 아니라 타인의 쾌락도 증가시켜야 한다는 점에서 공리주의*는 박애주의적이라고 할 수 있다. 또한 공리주의는 모든 사람을 평등하게 여기는 매우 민주적인 사상을 담고 있다. 벤담은 최대 다수의 최대 행복을 계산할 때 모든 사람이 각각 한 사람으로 계산되며, 결코 한 사람 이상으로 계산되지 않는다고 주장한다. 도덕 앞에서는 왕후도 일개 시민과 다를 바 없으며 쾌락을 누리는 주체로서 인간은 모두 평등하다. 이렇게 평등하게 계산된 사회 전체의 쾌락을 증가시키는 행위가 선한 행위이다.

* 공리주의의 '공리'는 功利일까 公利일까? 전자는 이익에 힘쓴다는 의미를, 후자는 공동의 이익이라는 의미를 담고 있다. 도덕성은 행복 또는 이익에 기여하는 유용성에 달려있다는 공리주의의 기본 입장에 따라 흔히 功利라고 하지만, 공리주의는 사회 전체의 행복 또는 이익을 최고의 선으로 본다는 점에서 公利라고 해야 한다는 학자들도 있다. 영어의 utilitarianism(공리주의)은 utility(유용성, 쓸모 있음.)를 도덕성의 기준으로 본다는 뜻을 담고 있으니 이것을 번역한 용어라면 功利主義가 적합하다고 하겠다.

이처럼 공리주의는 사회 전체의 행복을 최고의 목적으로 삼으며, 그 목적에 따라 행위의 옳고 그름을 판단한다. 이와 같이 어떤 궁극의 목적을 도덕성의 기준으로 삼는 윤리 이론을 '목적론적 윤리설'이라고 부른다. 반면에 도덕이란 어떤 목적을 실현하기 위한 수단이 아니며, 그 자체로 옳은 도덕적 의무를 수행하는 행위가 도덕적이라고 주장하는 이론은 '의무론적 윤리설'이라고 부른다. 공리주의는 대표적인 목적론적 윤리설이다.

행복을 계산한다는 의미는?

도덕성의 기준은 최대 다수의 최대 행복이다. 행위의 옳고 그름을 따지려면 행위의 결과를 계산해서, 과연 최대 다수의 최대 행복에 얼마나 기여했는지 또는 훼손했는지를 알아보면 된다. 그런데 무엇을 계산하는가? 행복은 곧 쾌락이므로 쾌락의 양을 계산하면 된다. 그런데 과연 쾌락이 계산되는 것인가?

벤담은 쾌락, 즉 행복은 계산될 수 있다고 보았다. 그는 얼마나 강렬한 쾌락인가, 오래 지속되는가, 얼마나 많은 사람에게 영향을 주는가 등을 따지면 충분히 계산 가능하다고 보고,

여러 쾌락들을 비교하여 점수로 나타낼 수 있다고 확신하였다. 즉 쾌락을 계량화할 수 있다는 주장이다. 근대의 자연과학이 자연을 수량화하고 수학화하여 놀라운 성취를 이룩했듯이, 행복을 계산하여 윤리학을 과학화하고 그리하여 최대의 행복을 얻을 수 있도록 해 주는 것이 바로 윤리학의 임무라는 것이다. 이것이 근대 자연과학의 성취에 고무된 서양 근대인들의 꿈이기도 하였다.

과연 행복이 그렇게 양으로 계산될 수 있느냐는 문제는 매우 중요한 문제이다. 이것은 다음 장에서 다시 보기로 하고, 우선 여기서는 행복 또는 쾌락이 계산될 수 있음이 어떤 의미를 함축하고 있는지 살펴보자.

함께 측정되고 계산될 수 있다는 것을 흔히 '공약 가능성'이라 한다. 두 가지가 공약 가능하기 위해서는 서로 공통되는 요소를 갖고 있어야 하며, 질적으로 같은 차원에 있어야 한다. 이를테면 70킬로그램의 몸무게와 1킬로그램의 옷을 71킬로그램이라고 합할 수 있는 것은 둘 다 무게라는 공통의 요소를 갖고 있기 때문이다. 그러나 173센티미터의 키와 1킬로그램의 옷은 합하거나 뺄 수가 없다. 양자는 공통의 요소가 없으며, 단위를 보면 알 수 있듯이 서로 다른 차원에 있기 때문이다.

다양한 종류의 쾌락들이 공약 가능하다는 것은 모든 쾌락이 질적으로 같은 차원에 놓여져 있음을 의미한다. 독서할 때의 쾌락이나 밥 먹을 때의 쾌락이나 모두 강도, 지속도 등의 차이가 있을 뿐 질적으로 다른 것은 아니라고 여겨질 때 두 가지 쾌락이 함께 계산될 수 있다. 그렇다면 결국 돼지의 쾌락이나 사람의 쾌락이나 같은 차원에 있으며 질적으로 다를 것이 없다고 할 수 있다. 그래서 공리주의는 돼지에게나 쓸모 있는 이론이라는 비난을 받기도 한다.

하지만 벤담의 뒤를 이은 밀의 공리주의는 쾌락의 질적 차이를 인정한다. 사람은 돼지와 달리 우월한 능력을 지니고 있으며, 그러한 능력을 만족시킬 때 오는 쾌락은 돼지의 쾌락과는 질적으로 다르다. 예를 들어 진리 탐구의 과정에서 오는 쾌락은 식욕을 만족시킬 때 오는 쾌락보다 질적으로 우월하고 높은 쾌락이다.

그렇다면 질적으로 높은 쾌락과 낮은 쾌락은 어떻게 구별할 수 있는가? 밀은 두 종류의 쾌락을 다 경험해 본 사람이 선택하는 것이 우월하고 더 바람직한 쾌락이라고 한다. 그리고 대부분의 사람들은 인간의 품위에 어울리는 고상한 쾌락을 선택한다고 밀은 믿는다. 그래서 그는 "만족하는 돼지보다는 불만족스러운 사람이 더 낫고, 만족하는 바보보다는 불만족스러운 소크라테스가 더 낫다."라고 말한다.

그런데도 "나는 만족하는 돼지나 바보가 더 좋다."라는 사람은 어찌된 것인가? 대답은 간단하다. 그런 사람은 자신이 돼지나 바보이기 때문에 그런 것이다.

오늘날의 공리주의는 어떤 모습일까?

밀이 죽은 지 100년이 훨씬 넘은 오늘날, 사람들은 만족스런 바보가 되기를 원하는가, 불만족스런 소크라테스가 되기를 원하는가? 아마도 전자가 훨씬 더 많을 것이다. 사람들이 불만족스러운 소크라테스를 선택하리라는 밀의 기대는 그다지 들어맞지 않은 것 같다. 물론 그가 사람들이 저절로 그런 삶을 선택하리라고 믿은 것은 아니다. 밀은 사람들이 고귀한 품성을 가질 수 있는 사회적 환경을 매우 중요시했다. 그런 환경을 가꾸지 못한 탓이든, 아니면 인간성에 대한 밀의 낙관적 기대가 전적으로 잘못된 것이든 간에, 오늘날 사람들이 누리려는 쾌락의 질적 수준은 그리 높아지지 않은 것 같다.

공리주의는 기본적으로 최대 다수의 최대 행복이라는 공리의 원칙에 위배되지 않는 한, 쓸데없이 도덕이 인간의 행위를 규제할 필요가 없다는 입장이다. 그리고 모든 인간은 평등하고 자유롭게 자신의 삶을 누릴 권리가 있다고 본다. 밀은 철저한 자유주의자이다. 그는 최소의 도덕과 최대의 자유 및 행복을 주장한 사람이다. 그리고 자유로운 개인들이 최소한의 규제를 받으면서 스스로 질적으로 우월하고 고상한 쾌락을 선택할 것이라고 믿은 낙관론자였다. 경제학에서도 개개인이 자신의 이익만을 위한 이기적인 경제활동을 해도 전체적으로 조화와 균형을 이룰 수 있다는 이른바 '보이지 않는 손'에 대한 믿음이 있다. 많은 서양 근대인들은 자유주의가 발전하면서 인간의 문화적 수준도 저절로 높아질 것이라는, 인간에 대한 신뢰와 역사적 진보에 대한 믿음을 지니고 있었다. 밀은 이러한 믿음의 대표자라 할 수 있다. 밀의 시대보다 물질적으로 풍요롭고 개인의 자유가 더 확대된 현대 세계에서 사람들은 어떤 쾌락을 선택하는가? 먹고살 만하면 모두가 예술과 철학을 논하며 텔레비전 프로그램은 수준 높은 교양 프로로 가득 차는가? 애석하게도 공리주의, 자유주의, 그리고 자본주의가 결합된 오늘날 세계는 밀의 기대를 저버린 듯하다.

하지만 공리주의의 가장 핵심적인 원리에 비추어 볼 때, 쾌락의 질적 차이는 중요한 문제가 아니다. 우리들의 행위가 옳으냐 그르냐를 따질 수 있는 기준은 오직 유용성(공리)이라는 것이 공리주의의 기본 원리이다. 도덕성은 최대 다수의 최대 행복에 얼마나 쓸모 있느냐에 의해 평가될 뿐이다. 그러므로 질적으로 높든 낮든 쾌락에 기여하지 못하는 행위는 더 이상 가치를 갖기가 어렵다.

그런 점에서 세상은 지나칠 만큼 충분히 공리주의 세상이 된 것 같다. 학문의 영역에서도 유용성이 없는 순수한 학문적 탐구는 외면되고, 유용성에 따라(유용성의 대표는 돈이다.) 학문과 학자들의 업적이 평가된다. 쓸모없는 일을 왜 하느냐는 것이다. 심지어는 학생들의 공부도 오직 유용성을 창출하기 위한 분야에 집중된다. 더 나아가 사람의 가치도 결국은 그가 가진 유용성에 불과하다. 쓸모없는 인간은 진짜로 쓸모없다. 어느 나라는 학생을 인적 자원이라고 부르고 교육은 인적 자원을 양성하는 일이라고 공언한다. 유용성이 중요한 가치들 중의 하나임은 틀림없으나, 문제는 그것이 가치의 전부라고 생각하게 되는 경향이다. 현대는 오직 공리의 원칙에만 충실한 세상이다.

그럼에도 공리주의의 역사적 의미는 매우 중요하다. 굶주림으로 양 한 마리를 훔쳐도 교수형에 처했던 19세기 영국에서 최소의 도덕과 최대의 행복을 주장한 공리주의 사상은 시대적 요청이었다고 할 수 있다. 또한 모든 사람이 평등하게

한 사람으로 계산되어야 한다는 평등의 원칙은 민주적인 사회를 만드는 데 큰 기여를 했다고 하겠다. 당시의 억압된 사회에서 공리의 원칙은 일종의 해방이었다. 그러나 공리의 원칙이 인간의 다양한 가치들 위에 군림하는 세상에서 공리주의가 이제는 더 이상 해방의 무기가 아니다. 다음 장에서 공리주의의 문제점들을 검토해 보자.

2

최대 다수의
최대 행복이면
다 되는가?

- 행복은 계산되는가?
- 최대 행복의 원칙 앞에서 우리는 평등한가?
- 누구에게도 손해만 없으면 되는가?
- 계산되지 않는 가치는 어떻게 될까?

행복은 계산되는가?

어떻게 행동해야 할지 망설일 때 우리는 어떤 원칙에 따라 행동을 결정하는가? 새로운 법이 만들어질 때 그 필요성은 어떤 원리에 의존하는가? 근대 이후 행위나 규범을 정당화시키는 원칙으로서 큰 설득력을 얻은 것 중의 하나가 바로 공리의 원칙이다. 최대 다수의 최대 행복이라는 원리에 호소하는 것이다. 가장 많은 사람에게 가장 큰 행복을 준다는데 누가 감히 토를 달겠는가?

아마도 최대 행복의 원리에 반대하는 사람은 없을 것이다. 그러나 문제는 사회 전체의 최대 행복에 대해 서로 의견이 다를 수 있다는 점이다. 하지만 행복의 양을 과학적으로 계산해 낼 수 있다면 의견의 일치를 쉽게 볼 수 있지 않을까? 벤담의 생각이 바로 그런 것이었다. 행복은 곧 쾌락이고 불행은 고통이며, 쾌락과 고통은 계산될 수 있다는 생각이다. 쾌락이 계산될 수만 있다면 최대 다수의 최대 행복이라는 공리의 원칙은 의견의 대립을 해소하고 사회를 행복하게 만들 더없이 좋은 방법이다. 하지만 그 계산이 불가능하거나 신빙성이 없다면 공리의 원칙은 그저 구호에 불과하게 된다. 그러므로 쾌락의 계산은 공리주의의 성패를 가름할 중요한 문제이다.

만일 벤담의 기획이 실현되어 쾌락의 계산이 가능하게 된다면, 아무리 복잡하다 해도 계산될 수만 있다면, 우리는 컴퓨터를 이용하여 쉽게 행동을 결정할 수 있게 된다. 계산에 관한 한 사람보다 컴퓨터가 더 신속하고 정확하게 그 결과를 알려 줄 것이기 때문이다. 그렇게 되면 이제 우리의 도덕 선생님은 컴퓨터에게 자리를 양보해야 할지도 모른다.

과연 쾌락이 계산될까? 어떤 행동의 결과로 나의 행복은 몇 점, 너의 행복은 몇 점, 우리 사회 전체의 행복은 몇 점이라고 계산할 수 있을까? 애석하게도 계산을 가로막는 장애물이 너무 큰 것 같다. 동일한 행위도 사람마다 느끼는 쾌락의 정도가 다르고, 심지어 한 사람에게 있어서도 동일한 행위가 시간, 장소, 기분 등의 조건에 따라 쾌락일수도 있고 고통일수도 있는데, 쾌락을 어떻게 계산할까? 쾌락이 계산되려면 밥 한 그릇의 식사, 한 시간의 음악 감상이 각각, 모든 사람에게 그리고 개인의 경우에도 언제나 일정하게, 몇 점이라고 계산될 수 있어야 할 것이다.

쾌락의 질적 차이를 인정한 밀의 경우에는 쾌락 계산이 더욱 곤란해진다. 앞 장에서 언급했듯이 두 가지가 함께 계산되려면, 양자에 모두 공통의 요소가 있어서 공약 가능해야 한다. 그런데 질적으로 다른 쾌락들이라면 어떤 기준으로 그것들을 함께 계산하겠는가? 이를테면 질이 높은 쾌락에는 곱하기 몇을 해 주는 식으로 질적 차이를 양적 차이로 환산할 수도 있을 텐데, 그런 기준을 어디에서 구할 수 있을까? 그런 기준이야말로 공리의 원칙을 넘어선 또 다른 가치 이론, 또 다른 윤리학을 필요로 한다. 밀은 쾌락의 질적 차이를 인정함으로써 공리주의를 돼지의 이론에서 구출했으나, 쾌락 계산을 더욱 힘들게 함으로써 공리주의의 취약한 부분을 완전히 망가뜨린 것이다.

쾌락의 계산이 실제로는 불가능하고, 최대 다수의 최대 행복이라는 원칙은 그렇게 전체를 위하는 마음으로 행동하라는 권고에 불과하다면, 그런 공리주의는 누구나 주장하는 미사여구에 불과할 수 있다. 인간이 저지르는 악행들 중에는, 큰 규모의 것일수록 공리의 원칙에 호소하는 경우가 많다. 독재

정권이 자유를 억압할 때 그 명분은 모두가 잘 살기 위한 것, 즉 사회 전체의 행복이었다. 심지어 일제가 조선을 침략한 행위도 조선의 근대화를 통한 조선의 행복이었다고 주장한다. 그러나 그들이 계산한 쾌락이 우리의 계산으로는 고통일 수 있는 것이다.

최대 행복의 원칙 앞에서 우리는 평등한가?

최대 행복을 계산하는 문제는 공리주의의 큰 난점 중 하나이지만, 그 기본적 입장은 상식적인 호소력을 여전히 갖고 있다. 가장 큰 행복을 얻자는데 누가 반대하겠는가? 또한 최대 행복이 항상 계산될 수 없는 것만도 아니다.

어느 섬마을에 우물이 하나밖에 없다고 하자. 그런데 그 우물은 한 부자의 마당에 있다. 만일 그 부자가 우물을 자기 혼자만 사용한다거나 터무니없이 비싼 값에 물을 판다면 그의 행위가 최대 다수의 최대 행복이라는 공리주의의 원칙에 어긋난다는 것은 쉽게 판단할 수 있다. 여기서 물과 관련된 최대 행복이 무엇인가는 누가 보아도 쉽게 드러나며 꼭 수치로 나타낼 필요도 없겠다. 그 부자가 공리주의의 정신을 갖고 있다면 당연히 마을 사람들에게 무료로 우물을 개방하거나 최소한의 비용만을 요구할 것이다.

하지만 그 부자가 그렇게 하지 않는다고 해도, 자본주의 세계에서 자기 재산을 자기 마음대로 활용하는 데 무슨 문제가 있냐고 할 수 있다. 그가 자신의 재산권을 행사하여 엄청난 부를 얻을 수 있는데 그런 기회를 포기하라고 강요할 수 있을까?(사실 자본주의 사회에서 얼마나 많은 사람들이 그런 우물을 갖기 위해 노력하고 있는가.)

우물의 예는 사회 전체의 복지 및 행복을 위해 공리주의가 긍정적으로 기여할 수 있다는 점을 잘 보여 준다. 최대 행복의 원리에 따르면, 우물에 대한 개인의 재산권보다는 마을 전체의 행복이 더 고려되어야 한다. 그리고 최대 행복을 계산할 때 모든 사람은 평등하게 여겨져야 한다는 점에서 공리주의는 민주적이다.

그런데 민주주의가 다수결이라는 형식적 원리에만 의존할 때 소수의 권리가 묵살될 수 있듯이, 공리주의에는 최대 행복을 위해 소수를 희생시키는 것이 정당화될 위험이 있다. 예를 들어 미래의 범죄를 예방하기 위해 결정적 증거도 없는 용의자를 사형에 처했다고 하자. 그것이 유일한 방법이었고 그 덕분에 범죄가 줄고 많은 사람들의 불안이 사라졌다고 하자. 그렇다면 최대 행복에 기여했다고 해서 이러한 행위가 정당화될 수 있을까?

　마녀사냥으로 나머지 많은 사람들의 행복감이 증진되었다고 해서 마녀사냥이 정당화될 수 없다. 포로들의 생체 실험으로 인류의 질병 치료 능력이 향상되었다고 해서 그런 행위가 정당화될 수는 없다. 몇 사람을 왕따시켜 나머지 사람들이 행복을 느낄 수는 없는 일이다. 전체를 위해 소수가 희생될 수 있다는 전체주의의 위험성이 최대 행복의 원리 속에 숨겨져 있는 것이다. 하지만 그러한 위험성을 막기 위한 장치가 공리주의 자체 안에는 없다. 최대 행복의 원리를 따르기만 하면 되는 것이 아니다. 최대 행복의 원리는 옳고 그름을 판정해 주는 도덕적 기준의 충분조건이 될 수 없다.

　위와 같은 예가 아니더라도 우리는 최대 행복의 계산에서 누군가가 배제될 수 있으며, 그것이 바로 나 자신일 수도 있다는 염려를 하지 않을 수 없다. 장기이식이 유일한 치료인 난치병 환자 10명이 있는데, 제공될 수 있는 장기는 9개밖에 없다면 과연 누가 배제될까? 공리의 원칙에 충실하자면 유용성이 가장 낮은 사람, 최대 다수의 최대 행복에 가장 적게 또는 가장 부정적으로 기여할 사람을 배제시켜야 할 것이다.

　그렇다면 유용성이 가장 낮은 사람, 가장 쓸모없는 사람은 어떻게 가려낼까? 아마도 특정한 개인이나 집단의 권위에 의존하든지, 다수의 의견이나 전통적 관행에 따르든지 간에 사회적 합의가 있어야 할 것이다. 어떤 방법을 취하든지 사회적 약자가 배제될 확률이 높다. 만일 인종적 차별이 가득한 사회라면 억압받는 소수 인종이 지목되거나, 계급적 질서가 견고한 집단에서는 가장 낮은 계층이 가장 낮은 유용성 점수를 받을 것이다.

오늘날과 같은 자본주의 세상에서는 누구의 점수가 가장 낮을까? 대부분의 가치가 경제적 가치로 환산되는 사회에서 유용성은 곧 경제적 가치를 산출할 수 있는 능력이다. 따라서 현재의 경제적 가치도 낮고 앞으로 가치를 산출할 능력도 없는 사람, 즉 경제적 약자의 점수가 가장 낮을 것이다. 그리고 우리가 고민할 필요도 없이 시장의 논리에 따라 경제적 약자가 자동적으로 배제된다. 최대 행복의 원리는 지켜졌을지 모르지만, 모든 사람이 동등한 몫으로 계산되어야 한다는 평등의 원칙은 포기된 것이다.

누구에게도 손해만 없으면 되는가?

내가 차를 몰고 가는데 건널목 앞에서 빨간 신호등이 켜졌다. 당연히 멈추어야 할 것이다. 그런데 건널목을 건너려는 사람이 없고 내가 신호를 위반하고 그냥 간다고 해도 아무런 위험이 없는 상황이다. 나는 시간을 지체하면 손해를 보고 조금이라도 빨리 가야 이익이 발생한다. 최대 행복을 계산해 보니 신호를 위반하는 것이 올바른 행위이다. 아무에게도 피해가 없으니 나의 행복만 계산하면 되기 때문이다.

실제로 그렇게 해서 내가 이익을 보았다고 하자. 신호를 위반한 나의 행위는 최대 행복의 원리에 따라 정당화된다. 만일 신호를 지키느라 내가 손해를 보았다면 최대 행복의 원리에 의해 나의 행위는 나쁜 행위가 된다. 나는 아무에게도 도움이 되지 않았을 뿐더러 나에게는 손해뿐인 행위를 한 것이다. 이것은 단지 어리석음에 그치지 않는다. 최대 다수의 최대 행복이라는 공리주의의 원칙은 행위의 도덕성을 판단하는 기준이기 때문에 나는 도덕적으로도 비난받아야 한다.

내가 신호를 위반하여 행복의 전체량이 증가했다고 해서 그런 행위가 결코 옳다고는 말하기 어렵다. 이것은 도덕이 이익을 기준으로 판단될 수는 없음을 의미한다. 여기서 우리는 공리주의의 원칙이 도덕성의 기준으로서 심각한 문제를 지니고 있음을 알 수 있다. 최대 행복을 넘어선 옳고 그름의 기준이 있어야 한다.

이처럼 최대 행복의 원리를 모든 행위에 무차별적으로 적용하면 우리의 상식과 어긋나는 결과가 발생한다. 소수의 부당한 희생을 강요한다거나, 정해진 규칙을 무시하는 행위가 정당화될 위험이 있는 것이다. 그러나 이러한 문제는 초기의 공리주의에서 발생하는 문제들이다.

최대 행복의 원리를 개별적 행위들에 적용하는 초기의 공리주의를 '행위 공리주의'라고 부른다. 그러나 좀더 발전된 공리주의에서는 최대 행복의 원리를 개별적 행위가 아니라 행위의 규칙에 적용한다. 그래서 '규칙 공리주의'라고 부른다. 우리가 지켜야할 규칙이 대체적으로 최대 행복에 기여한다면 우리는 그 규칙을 지켜야 한다. 만약 그 규칙을 안 지키는 것이 더 유용한 경우라고 할지라도 그 규칙을 함부로 포기할 수 없다.

내가 교통신호를 무시하는 것이 최대 행복의 원리에 맞는 경우라고 해도 나는 신호를 지켜야 한다. 교통신호를 지켜야 한다는 규칙이 이미 최대 행복의 원리에 의해 정당화되어 있으며, 개별적인 행위들은 이 규칙을 따라야 하기 때문이다.

이와 같이 규칙 공리주의는 우리가 상식적으로 옳다고 생각하는 많은 규범들을 공리의 원칙에 따라 정당화시킨다. 그리고 우리는 그렇게 정당화된 규칙들을 따라야 한다. 그래서 죄 없는 용의자를 사형시켜 사회적 안정을 꾀하고 다수의 행복을 얻겠다는 불합리한 사태를 막을 수 있다. 죄 없는 사람에게 벌을 주어서는 안 된다는 정의로운 규칙은 사회 전체에 매우 유용하며, 최대 행복의 원리에 의해 정당화될 수 있을 것이기 때문이다. 우리는 정당화된 규칙들을 잘 따르기만 하면 된다. 행동할 때 마다 최대 행복을 계산하는 번거로움도 없을 것이다.

하지만 규칙을 잘 따르기만 하면 될까? 가난한 이웃 처녀가 도둑질하는 것을 나는 목격하였다. 내가 신고하여 그녀가 절도죄로 체포되면 최소한 몇 달간 징역을 살게 된다. 그녀는 어린 동생들을 혼자서 돌보는 가장이고, 절도를 한 이유도 동생의 치료비를 마련하기 위한 것이다. 그녀가 벌을 받아 몇 달간 동생들을 부양할 수 없다면 동생들의 삶은 아무도 보장해 줄 수가 없다. 과연 나는 정의로운 규칙에 따라 그녀를 벌 받게 해야 하는가? 그렇게 해서 발생하는 이익은 도대체 무엇인가? 이익은커녕 죄 없는 동생들의 치명적 불행을 야기할 수도 있지 않은가?

규칙 공리주의에 따르면 절도죄를 신고하고 처벌하는 등의 규칙은 이미 정당화된 규칙이므로, 그러한 정의로운 규범들이 개별적 사례들에 의해 무시된다면 곤란하다. 규칙을 안 지키는 것이 더 유용한 경우에는 규칙을 지키지 않아도 된다는 행위 공리주의의 문제를 극복하기 위해 등장한 것이 바로 규칙 공리주의 아닌가. 하지만 그 처녀와 어린 동생들의 행복(또는 더한 불행의 방지)이라는 공리의 원칙에 따라 그녀를 신고하지 않는다면 나는 다시 행위 공리주의로 돌아가는 것이다.

이러한 사례 앞에서 우리가 고민해야 하는 것은 행위 공리주의냐 규칙 공리주의냐가 아니다. 우리가 도덕적 결정을 내려야 하는 문제 상황들은 대개 서로 다른 가치들이 충돌하고, 그 사이에서 우리를 곤혹스럽게 만드는 경우다. 그리고 그런 상황들은 하나의 원칙을 적용하기에는 무시할 수 없는 그 상황만의 특수성을 가진 경우들이 대부분이다. 그렇지 않은 경우라면 왜 문제가 생기겠는가.

공리주의는(행위 공리주의이든 규칙 공리주의이든) 최대의 행복과 이것에 기여하는 유용성이라는 하나의 원칙을 기준으로 올바른 규칙이나 행위를 결정할 수 있다는 기대에서 출발한다. 행복 또는 쾌락의 양만 계산할 수 있다면 우리의 도덕적 고민은 충분히 해결될 수 있다는 것이다. 공리주의자가 보기에 도덕적 갈등의 상황은 결국 계산이 매우 복잡한 상황일 뿐이다. 그러나 이 처녀의 사례가 우리에게 알려주는 것은 한 가지 원칙이 기계적으로 적용될 수는 없다는 점이다. 도덕성이란 계산 그 이상의 것을 요구한다.

계산되지 않는 가치는 어떻게 될까?

행복이 계산된다는 것은 인간에게 소중한 것들, 즉 가치가 객관적인 값을 갖는다는 것인데, 주관적 성격이 강한 가치의 경우를 보면 그것이 얼마나 불가능한 시도인가를 쉽게 알 수 있다. 어머니의 자식에 대한 정성에 값을 매긴다는 것이 불가능한 일인 것처럼 말이다. 그리고 질적으로 다른 종류의 가치들끼리 어떻게 비교하고 계산하겠는가. 어머니의 사랑과 63빌딩의 값이 저울질될 수는 없을 것이다.

하지만 가치가 쉽게 계산되는 영역이 있다. 시장, 즉 경제적 영역이다. 자식을 키우는 어머니의 정성이나 사랑 그 자체는 값을 매길 수 없지만, 한 아이를 대신 키우는 데 들어가는 비용은 충분히 계산될 수 있다. 그래서 그 돈을 지불하고 아이의 양육을 맡길 수 있다. 한 달간 학생에게 철학을 가르치고 쌀 한 가마를 받았다면 이 교육 서비스와 쌀 한 가마는 질적으로 다른 가치임에도 불구하고 같은 값으로 계산된 것이다. 시장은 가치가 서로 교환되는 곳이며 교환된다는 것은 가치가 계산되고 있음을 의미한다.

물론 모든 가치가 교환되고 계산될 수 있는 것은 아니지만, 교환되지 않는 가치들은 그 가치가 쉽게 인식되지 못하는 것 또한 사실이다. 맑은 물이 지천으로 흐르던 시절과 물을 사먹어야 하는 지금을 비교해 보면 알 수 있을 것이다. 그만큼 가치는 교환에 의해 비로소 그 정체를 드러내기도 한다.

공리주의의 가장 큰 난점 중 하나는 행복이 계산될 수 없다는 것이다. 그러나 행복 그 자체는 계산될 수 없을지 몰라도, 행복을 구성하는 여러 가치들을 교환 가능한 경제적 가치로 환원시킬 수 있다면 객관적인 값을 매겨 계산할 수 있을 것이다. 실제로 우리는 질적으로 다른 많은 가치들을 쉽게 계산하고 있다. 물질적 가치는 물론이고 인간의 활동 및 그것이 창조하는 정신적 가치 역시 시장에서 교환되고 있다는 사실은 여러 다양한 가치들이 함께 계산되고 있다는 증거이다.

시장이야말로 교환에 의해 가치가 객관적으로 결정되는 영역이며, 그런 점에서 공리주의적 사고방식은 시장과 잘 어울린다. 그리고 시장의 발전에 따라 더 많은 종류의 가치들이 교환 가능해지고 공리주의의 원리 역시 영향력이 확대된다. 이제 웬만한 가치들은 돈으로 환산될 수 있으며, 최대 행복은 결국 돈의 합계가 된다.

이른바 신자유주의적 세계화는 시장의 논리를 인간들이 관계 맺는 가능한 한 많은 영역으로(교육, 의료 등을 포함하여) 확대하고, 전 세계를 하나의 시장으로 만들어 가고 있다. 신자유주의적 세계화를 우리의 문제와 연관시켜 보면, 가능한 한 많은 종류의 가치들을 교환 가능하게 하고 교환의 영역을 전 세계로 확대하려는 시도라고 할 수 있다.

여기서 우리가 신자유주의에 대한 찬반 논의를 하자는 것은 아니다. 다만 가치의 교환 가능성이 확대되고 있음을 보자는 것이다. 점점 더 많은 것들이 돈으로 환산되어 간다. 또한 인간의 많은 활동들이 교환 가능한 가치를 창출하기 위한 노력에 바쳐진다. 문제는 교환되고, 계산되고, 객관화되는 가치들이 늘어남과 동시에 교환이나 계산이 애당초 불가능한 가치들은 점점 더 무시된다는 점이다. 경제적 가치로 환산되지 않는, 그래서 시장에서는 쓸모가 없는 가치들이 가치의 영역에서 추방되는 것이 시장의 질서이다. 교환되지 않는 그런 쓸모없는 가치를 추구하면서 어떻게 시장에서 살아남겠는가.

대상을 수량화, 객관화하여 수학적 계산이 가능하게 하려는 시도는 수학의 역사와 함께 시작된 인간의 오래된 소망이다. 이러한 소망이 극에 달한 시대가 바로 서양의 근대이다. 수학만큼 엄밀하고 명료한 답을 제시하는 학문이 또 어디에 있겠는가. 근대 자연과학은 이러한 수학화에 성공한 대표적인 학문이라고 할 수 있다. 수학을 모르고서는 근대 이후의 자연과학에 전혀 접근할 수 없다.

그런데 자연과학이 수학화되었다는 사실은 자연과학의 대상인 자연이 수량화되었음을 의미한다. 자연은 측정되고 숫자로 표시될 수 있는 물리량으로 인식된다. 문제는 여기에서부터 발생한다. 측정이 불가능하고 수량화될 수 없는, 그래서 눈에 보이지 않는 비물질적인 것들은 아무런 의미가 없다. 그런 것들은 자연에서 배제된다. 이렇게 해서 자연은 철저하게 물질적인 것으로만 이해된다. 수량화되지 않는 것은 무의미한 존재, 더 나아가 비존재가 된다. 이것이 수량화의 열망이 낳은 결과라고 할 수 있다.

수학화, 객관화라는 근대의 열망은 자연과학에만 국한된 것이 아니다. 행복을 계산할 수만 있다면 윤리학도 행복을 실현하기 위한 일종의 과학 또는 기술이 될 수 있다는 것이 바로 공리주의의 꿈이다. 이런 꿈을 가진 자들에게 수량화되지 않는, 사고 팔 수 없는 가치들은 서서히 무시된다. 이제 많은 가치들이 손쉽게 교환되는 세상과 함께 그 꿈은 많은 부분 실현된 것 같다. 계산되지 않는 행복은 더 이상 행복으로 여겨지지 않는다. 이것이 시장에서의 행복이다. 행복이 과연 계산될 수 있냐는 물음은 그래서 더욱 중요한 의미를 갖는다. 우리의 삶을 구성하는 모든 가치들이 시장에서 사고 팔릴 수만은 없기 때문이다.

물론 수량화, 객관화의 의미를 과소평가해서는 안 된다. 근대 이후 자연과학이 이룩한 놀라운 성취는 수학의 언어로 쓰여진 과학이 아니었으면 불가능했을 것이다. 또한 많은 가치들이 수량화되어 돈으로 환산됨으로써 좀 더 객관적이고 예측 가능한 공공 정책이 세워지는 등 행복의 계산은 매우 중요한 성과를 얻었다고 할 수 있다. 문제는 그것이 전부라는 생각, 모든 문제가 그와 같은 방식으로 해결될 수 있다고 생각하는 믿음이다.

3

문제는 당장의 **고통**과 **악**이 아닐까?

- 자유주의란 무엇인가?
- 쾌락과 고통은 같은 차원에 있는가?
- 참과 거짓, 무엇이 더 결정적인가?
- 소극적 공리주의에 어울리는 사회 개혁은?
- 나의 행복과 너의 고통이 충돌한다면?
- 눈앞에 드러난 고통만 당장 제거하면 되는가?

자유주의란 무엇인가?

경찰이 지나가는 사람을 붙잡고 복장이 불량하다고 벌금을 매긴다면? 머리가 너무 길거나 노랗게 염색했다고 잡아간다면? 마르크스(Karl Marx, 1818~1883)의 『자본론』을 읽는다고 체포한다면? 만일 국가에서 법을 제정하여 이런 일을 시도한다면 우리는 아마 개인의 자유를 침해하지 말라고 항의하는 시위를 벌일 것이다. 이는 불과 20년 전만해도 우리나라에서 흔히 볼 수 있는 풍경이었다. 짧은 치마를 입었다거나 머리가 너무 길다는 이유로 수많은 젊은이들이 붙잡혀 갔다. 마르크스를 읽는다는 것은 목숨을 거는 행위였다. 마르크스를 비판하기 위해서라도 읽어야 할 텐데 들고 다닐 수도 없었다. 그러면서도 대한민국은 자유민주주의 국가라고 했다.

자유주의는 기본적으로 최소한의 규제만 하고 나머지는 개인의 자유에 맡겨야 한다는 정치적 이념이다. 법은 물론 도덕 역시 가능한 한 최소의 범위로 축소된다. 근대 이후 이러한 자유주의 사상은 꾸준히 발전해 왔으며, 이에 따라 개인의 자유는 점점 더 확대되고 국가의 역할은 점점 축소되었다. 이른바 최소 국가를 지향하게 된 것이다.

근대 자유주의의 사상적 기반을 닦은 밀이 공리주의자라는 사실에서 잘 드러나듯이, 공리주의 윤리학은 자유주의와 같은 토양에서 자라난 사상이다. 최대 다수의 최대 행복이 도덕의 기준이라는 주장은 행복에 기여하지 않는 도덕은 더 이상 도덕일 수 없음을 선언한 것이다. 따라서 종교적, 도덕적 가치들 중에서 행복을 방해하는 가치들은 배제된다. 행복이란 세속적인 많은 가치들의 총합이 되며, 모두 쾌락이라는 이름으로 묶인다. 쾌락을 증가시키지 않는 과거의 많은 도덕규범들은 더 이상 도덕으로 정당화될 수 없다. 그리하여 도덕은 인간의 세속적 삶에 쓸모없는 것들을 배제하면서 최소화된다. 그리고 이러한 최소 도덕을 바탕으로 자유주의의 최소 국가가 윤리적으로 정당화된다.

쾌락과 고통은 같은 차원에 있는가?

하지만 공리주의와 자유주의의 관계가 항상 우호적인 것만은 아니다. 최대 행복이라는 공리주의의 원칙이 자유주의를 위협할 수 있기 때문이다. 우리는 최대 행복을 이유로 개인의 자유가 심각하게 훼손되는 역사적 경험을 지켜보았다. 앞서 언급한 군사정권 시절에 자유를 억압한 명분도 바로 최대 다수의 최대 행복이었다.

공리주의가 자유주의를 배반할 수 있다는 인식과 함께, 자유주의와 새롭게 손잡은 것이 칼 포퍼(Karl Popper, 1902~1994)의 '소극적 공리주의'(또는 부정적 공리주의라고도 한다.)이다. 공리주의가 행복을 극대화하려고 한다면, 소극적 공리주의는 행복이 아닌 불행을, 쾌락이 아닌 고통을, 선이 아닌 악을 제거하고 최소화하려고 한다.

미래의 행복을 위해 현재의 고통을 감수하라는 말은 우리를 속이는 말일 수도 있다. 행복이나 선이라는 목표는 항상 미래에 오는 것이므로 불확실하며 대체로 추상적이다. 반면에 고통이나 악을 제거한다고 할 때, 그 고통이나 악은 항상 현재의 구체적인 것이다. 불확실한 미래의 추상적인 선을 추구하기 보다는 확실한 현재의 구체적인 악을 제거하는 것이 우리가 해야 할 일이라는 것이다.

또한 행복이나 선은 사람들마다 서로 다른 것인 경우가 많다. 무엇이 좋은 것인지는 지극히 주관적이기 때문에 사람들 간에 의견 일치가 쉽게 이루어지지 않는다. 반면에 고통이나 악은 사람들이 쉽게 합의할 수 있다는 것이 소극적 공리주의의 주장이다. 맛있는 음식에 대해서는 각각 의견을 달리하는 사람들도 배고픔의 고통에 대해서는 쉽게 의견 일치를 볼 수 있다는 식이다.

우리는 흔히 쾌락과 고통을 같은 차원에 있는 대칭적 개념으로 생각한다. 그래서 쾌락과 고통은 반비례 관계에 있다고 생각하게 된다. 그러나 양자는 윤리적으로 같은 차원에 있지 않다. 고통을 제거하거나 감소시키는 것은 도덕적 차원의 문제이지만 쾌락이나 행복을 증진시키는 것은 도덕적 차원의 문제가 아니라는 것이 포퍼의 생각이다. 쾌락이나 행복을 증진시키는 것은 각자 알아서 할 문제이며, 내가 남의 행복을 반드시 증진시켜야 할 의무는 없다. 그러나 타인에게 고통을 가하는 것은 물론 타인의 고통을 외면하고 방치하는 것은 도덕적으로 비난받아야 한다. 따라서 우리에게 고통을 제거해야 할 도덕적 의무가 있는 것이다. 행복과 고통을 서로 반비례 관계에 있다고 본 것은 공리주의의 큰 실수라고 할 수 있다.

그러므로 국가가 해결해야 할 문제는 고통의 제거이지 행복의 증대가 아니다. 행복이나 부를 추구하는 것은 각자 자유롭게 알아서 할 문제이다. 하지만 고통을 제거하는 것은 도덕적 의무이기 때문에 국가가 적극적으로 해결해야 할 사회적 문제이다. 또한 사회 구성원들의 고통은 모두 동등하게 여겨져야 한다. 고통 앞에서는 모두가 평등하기 때문이다.

참과 거짓, 무엇이 더 결정적인가?

행복, 선, 쾌락과 같은 긍정적인 가치에 주목하기 보다는 불행, 악, 고통과 같은 부정적인 것을 제거하기에 힘쓰라는 포퍼의 소극적 공리주의를 좀 더 잘 이해하기 위해서는 포퍼의 과학철학을 잠시 들여다볼 필요가 있다.

포퍼는 반증가능성의 원리로 유명한 과학철학자이다. '반증'의 의미를 이해하기 위해서는 먼저 '검증'이 무엇인가를 알아야 할 필요가 있다. "모든 까마귀는 검다."라는 명제가 참인지 어떻게 알 수 있을까? 당연히 까마귀들을 관찰해서 검다는 것을 입증하면 된다. 이것을 검증이라고 한다. 그런데 모든 까마귀를 관찰하는 것이 가능할까? 현재 생존하고 있는 모든 까마귀를 조사하면 될까? 그래도 불가능하다. '모든 까마귀'는 미래의 까마귀까지 포함하며, 우리가 이 미래의 까마귀까지 모두 검증할 수는 없기 때문이다. 그러므로 검증을 통한 과학적 명제가 참임을 알 수는 없다.

그런데 어느 날 검지 않은 까마귀가 나타나면 "모든 까마귀는 검다."라는 명제는 거짓임이 드러난다. 이것이 '반증'이다. 과학적 명제나 이론이 반증되는 것은 단 한 번으로도 족하다. 아무리 검증을 많이 해도 그것이 참임을 입증할 수는 없으나, 한 번의 반증으로 거짓을 입증할 수 있다.

그러므로 우리에게 분명한 것은 참이 아니라 거짓, 즉 오류이다. 진정한 과학적 지식은 오류가 될 수 있는 가능성, 즉 반증될 수 있는 가능성이 있어야 한다. 반증될 수 없는 지식은 과학적 지식이 아니다. 그래서 반증가능성은 과학과 사이비 과학을 구별하는 기준이 된다. 예를 들어 점쟁이의 말은 반증가능성이 없다. 오늘 재수가 좋다는 점쟁이의 예언을 들은 사람이 기분 좋게 점쟁이 집을 나서자마자 교통사고를 당해 다리가 부러졌다. 점쟁이의 말은 틀렸음이 입증됐는가? 아니다. 점쟁이는 말한다. "당신이 오늘 재수가 좋으니까 다리만 부러졌지 안 그러면 죽었어." 점쟁이의 말은 결코 틀릴 수가 없다. 반증가능성이 없는 것이다.

반면에 "빛도 강한 중력장에서 휜다."라는 아인슈타인의 과학적 가설은 반증가능성이 있는 과학적 지식이다. 왜냐하면 강한 중력장에서 빛이 휘지 않는다면 그 가설은 거짓임이 드러나기 때문이다. 이처럼 반증가능성이 있어야 참된 과학적 지식이 되는 것이다. 우리가 교과서에서 배운 과학 이론들은 모두 반증될 수 있으나, 아직까지 반증되지 않고 잘 버티는 이론들이다.

포퍼가 과학에서 검증이 아닌 반증의 중요성에 주목했듯이, 그의 사회철학은 행복, 선, 쾌락이 아니라 불행, 악, 고통에 초점을 맞춘다. 반증가능성을 사회철학에 적용한 것이 소극적 공리주의라고 할 수 있다.

소극적 공리주의에 어울리는 사회 개혁은?

사회의 악이나 고통을 제거하려면 어떻게 해야 할까? 사회 전체를 완전히 새롭게 만들어 고통 없는 유토피아를 건설하면 어떨까? 포퍼는 절대 반대한다. 사회를 전면적으로 뜯어고친다는 것은 인간의 진정한 행복이나 선이 무엇인가를 기초로 새롭게 사회의 설계도를 그린다는 의미인데, 이것은 소극적 공리주의에 어긋나기 때문이다. 그런 식의 사회 개혁은 포퍼가 혐오하는 전체주의 사회가 되기 쉽다.

우리는 구체적으로 드러난 악을 조금씩 고쳐 나가면서 점점 좋은 사회를 만들어야 한다. 포퍼는 이것은 점진적 사회공학이라고 부른다. 본래 공학(또는 기술)은 문제점들을 개선해 나가면서 점점 더 유용한 수단을 찾는 것이다. 그러나 공학은 목적에 대해서 문제를 삼지는 않는다. 좀 더 빠른 비행기를 개발하는 공학자는 "그렇게 빨리 갈 필요가 있을까?", "빨리 가는 것은 과연 좋은 것인가?" 등에 대해 고민하지 않는다. 주어진 목적에 충실한 수단을 개발하는 것이 기술이다.

마찬가지로 사회공학도 구체적인 악이나 고통을 제거하기 위해 노력할 뿐이다. 그 이상의 적극적인 추구, 즉 행복이나 쾌락을 추구하고 삶의 목적을 실현하기 위해 노력하는 것은 개인들이 자유롭게 알아서 할 문제이다. 국가나 사회가 나서서 해야 할 일은 고통의 제거이다. 국가는 그 이상의 것에 개입하지 않는 최소 국가여야 한다. 그리고 고통의 제거는 고통이 나타날 때마다 직접적인 방법으로 해야 한다. 이렇게 조금씩 고통을 제거해 나가면 세상은 점점 좋아질 것이다. 고통 없는 새로운 세상을 설계하려는 유토피아적인 시도는 전체주의에 빠지고 만다.

나의 행복과 너의 고통이 충돌한다면?

행복을 추구하는 것은 개인의 자유이다. 그러나 고통을 제거하는 것은 사회가 나서야 할 도덕적 문제이며, 누구의 고통이든지 평등하게 제거해 주어야 한다는 것이 소극적 공리주의의 핵심이다. 그래서 행복의 추구는 자유의 원리에 의존하고, 고통의 제거는 평등의 원리에 따른다. 그런데 이 두 원리가 충돌할 수 있다는 점이 문제이다.

예를 들어 최저생활비에 못 미치는 수입으로 고통받는 사람들을 위해 생계비를 보조하고, 병을 치료해 주고, 교육을 받을 수 있도록 하는 일은 분명 국가가 힘써야 할 일이다. 가난하다고 해서 그들의 고통이 무시될 수는 없다. 고통의 제거는 평등의 원리에 따라야 하기 때문이다.

그런데 국가가 그런 일들을 하기 위해서는 세금을 많이 걷어야 한다. 국가가 기업과 같이 사업을 해서 재정을 마련하는 일은 소극적 공리주의에서 주장하는 최소 국가에 맞지 않기 때문이다. 하지만 내가 세금을 더 많이 낸다는 것은 나의 실질적인 수입이 줄어드는 셈이므로, 이것은 자유롭게 행복을 추구할 나의 권리를 침해할 수 있다.

이처럼 행복의 추구와 고통의 제거가 충돌할 때 우리는 어떻게 해야 할까? 고통의 제거는 도덕적 의무이기 때문에 당연히 행복의 추구가 양보해야 할 것이다. 그런데 행복의 추구를 어느 정도 양보하고 고통의 제거에 힘쓰자는 것, 즉 세금을 더 내야 한다고 국가가 개인들에게 강요하는 것은 사회주의적인 복지국가에 가까이 가는 것이며, 자유주의적인 최소국가의 역할을 넘어서는 일이다.

행복과 고통은 서로 다른 차원의 문제이므로, 행복의 추구는 자유의 원리에 맡기고 고통의 제거는 평등하게 하자는 것이 포퍼의 생각이다. 그러나 타인의 고통을 외면하지 않으려면 나의 행복의 침해를 감수해야 한다. 행복의 추구와 고통의 제거는 서로 다른 차원에 있는 문제가 아니다.

눈앞에 드러난 고통만 당장 제거하면 되는가?

고통은 구체적이고도 직접적인 방법으로 제거해야 한다. 그리고 그러한 노력을 조금씩 진행해야 한다는 것이 포퍼의 점진적 사회공학이다. 사회 전체의 시스템을 전면적으로 뜯어 고쳐서는 안 된다. 그러한 이상주의는 전체주의의 위험성을 갖고 있기 때문이다.

장밋빛 미래를 약속하는 이상주의자의 구호에 비해 점진적 사회 공학자는 매우 겸손하다. 그는 현재 드러난 악이나 고통을 제거하면 자신의 역할을 다한 것이라고 생각한다. 그 이상의 일을 하겠다는 것은 오만이다. 자동차가 고장 나면 고치면 그만이지, 자동차가 과연 바람직한 운송 수단인지, 자동차에 길들여진 삶의 방식이 지속 가능한지 등에 관한 문제는 고민하지 않는다. 그에게 목적은 이미 주어져 있으며, 그가 할 일은 그 목적에 잘 맞는 수단을 설계하고 수리하는 것이다.

그러나 문제는 바로 거기에 있다. 사회의 시스템 자체가 잘못되었고 그것이 지향하는 목적이 올바르지 않다면 겉으로 드러난 악이나 고통을 제거하는 일이 얼마나 큰 의미가 있을까? 그러한 소극적 해결은 잘못된 시스템을 더욱더 공고하게 만들어 더 큰 악을 키울 수도 있다.

우리는 주변에서 성실한 점진적 사회 공학자들을 많이 볼 수 있다. 이들은 자기 역할을 충실히 수행하며, 주변의 작은 악이나 이웃의 고통을 결코 외면하지 않는다. 그리고 자신의 본분을 넘어서는 일에 대해서는 결코 나서지 않는 겸손한 인물들이다. 이들은 모두 우리의 착한 이웃들이며, 세상 사람들이 모두 이들과 같으면 세상에 법 없이도 살 수 있을 것 같다는 생각을 불러일으키기도 한다. 이들의 미덕은 칭송해야 마땅하다.

그러나 이렇게 겸손하고 성실한 성품과 태도는 어떤 시대 어느 사회에도 통용되는 미덕에 불과하다는 점이 그 한계이다. 사회 전체의 구조적 문제를 외면하거나 역사적 인식이 결여되었을 때 그러한 미덕은 대세에 순응하는 기회주의로 전락하기 쉽다. 극단적인 예를 들자면, 유대 인 학살이라는 히틀러의 명령을 가장 성공적으로 수행한 아이히만은 그가 속한 사회 집단의 모범적 인물이라고 할 수 있다. 그는 자상하고 애정이 넘치는 가장이었으며, 이웃을 배려하는 친절한 동네 사람이었다. 또한 상관의 명령에 충성스럽게 복종하고 나치즘을 훌륭하게 실천한 사회 공학자였다고 할 수 있다. 유대 인 학살은 주어진 목적을 이루기 위한 가장 효과적인 수단에 불과했을 뿐이다. 사회 전체의 시스템이나 목적을 문제 삼는 것은 그에게 주제넘은 일이었다.

우리의 역사에도 수많은 점진적 사회 공학자들이 있지 않았는가. 일제 강점기에는 그 체제에 맞게 성실하게 노력하고, 공산주의가 득세하면 열성 당원이 되고, 군사독재의 시대에도 독재자가 허용하는 범위 안에서 역시 성실하고, 자본주의 시대에는 시장의 논리에 얼마나 충실한가. 그러나 자기가 속한 사회 전체의 악은 이들에게 보이지 않는다.

포퍼는 악이나 고통은 쉽게 드러나며 모두가 합의할 수 있다고 생각했다. 그러나 동네 불량배가 저지르는 악행은 쉽게 드러나고 제거 대상이 되지만, 국가권력이나 사회 전체가 저지르는 큰 악이나 고통은 쉽게 드러나지 않는다. 큰 악을 저지르는 자가 머리에 큰 뿔이 달린 악마는 아니다. 길거리에 휴지 하나 버리지 않는 모범 시민일 수도 있다.

포퍼는 전체주의 사회를 극도로 혐오한 자유민주주의자이다. 그는 한 개인이나 집단의 정치적 견해가 다른 사람들에게 강요되어서는 안 된다고 말했다. 또한 자유롭게 비판할 수 있고 그러한 비판이 수용되는 '열린 사회'를 주장하였다. 그의 열린 사회에서는 전체주의적 독재가 있을 수 없다. 그가 공리주의를 반대한 이유도 바로 최대 행복의 원리가 전체주의적인 독재의 구실로 이용될 수 있기 때문이었다. 국가는 단지 구체적인 악을 제거하면 된다. 그 이상을 추구하는 것은 전체주의적인 닫힌 사회가 되기 쉽다.

이러한 포퍼의 자유주의 사상이 기존 체제에 봉사하는 보수적 이념일 수 있다는 사실은 참으로 역설적이다. 물론 소극적 공리주의와 점진적 사회공학은 열린 사회에서만 적용될 수 있으며, 앞에서 열거한 나치즘, 일제 식민주의, 공산주의, 군사독재 등의 닫힌 사회에서는 결코 적용될 수 없다고 포퍼를 옹호할 수도 있다. 그의 사회철학은 비판이 자유로운 열린 사회에서만 가능하며 그 모델은 기본적으로 자본주의적인 자유민주주의 사회이다.

그렇다면 오늘날의 자본주의적 자유민주주의는 점진적 사회공학만으로 충분한 그런 사회인가? 구체적으로 드러난 당장의 고통만을 제거하면 되는 자유로운 열린 사회인가? 혹시 우리의 자유는 단지 시장의 논리에 따를 자유에 불과하지 않을까?

우리가 이러한 의문을 갖는 이유는 대부분의 닫힌 사회 역시 자유로운 사회라는 미사여구를 동원한다는 사실에 있다. 군사독재 시대가 표방하는 이념은 자유였다. 물론 그 체제에 순응하는 사람들에게는 매우 자유로운 시대라고 할 수 있다. 그러나 진정한 자유는 기존의 질서를 비판할 수 있는 자유를 포함해야 한다. 그러기 위해서는 인간이 추구해야 할 선과 행복이 무엇인가에 대한 검토와 숙고가 필요하다. 진정한 선과 참된 행복에 대한 반성적 검토 없이 드러나는 악과 고통은 피상적이고 사소한 것에 불과할 수 있기 때문이다.

4

행복으로 도덕을
말할 수 있는가?

- 그 자체로 선한 것은 무엇인가?
- 도덕적으로 훌륭하다는 것은?
- 의무를 다하면 도덕적일까?
- 도덕의 근원은 감정인가, 이성인가?

그 자체로 선한 것은 무엇인가?

세상에는 좋은 것이 많다. 그 좋은 것들 중에서 무조건, 그 자체만으로 좋은 것이 있을까? 그런 것은 없다고 생각하는 사람도 있을 것이다. 모든 것은 좋을 경우에만 좋은 것이고 잘못 쓰이면 나쁜 것이 될 수도 있으니 말이다. 이러한 생각을 하는 사람들은 모든 것은 상대적이며 조건에 따라 좋을 수도 나쁠 수도 있다고 말한다.

반면에 무조건 좋은 것, 그 자체로 좋은 것도 있다고 생각하는 사람들도 있을 것이다. 세상 모든 것이 다 상대적인 것은 아니다. 이들은 어떤 경우에도 나쁠 수 없는, 절대적으로 좋은 것도 있다고 생각하는 사람들일 것이다.

여러분은 어느 쪽인가? 철학자들도 생각들이 서로 다르다.

이제 우리가 살펴볼 칸트(Immanuel Kant, 1724~1840)는 그 자체로 좋은 것이 있다고 강하게 주장하는 철학자에 속한다.

우선 어떤 것들이 좋은 것일까 라고 사람들에게 물으면 어떤 대답들이 나올지 생각해 보자. 공부에 시달리는 학생이라면 명석한 이해력과 뛰어난 기억력이 좋은 것이라고 답할지도 모른다. 어떤 사람은 용기, 결단력, 인내심과 같은 사람의 기질을, 어떤 사람은 출중한 외모나 풍부한 재력, 건강, 권력, 명예 등을 좋은 것이라고 할 수도 있다. 또는 만족감이나 사랑하는 마음 등등 여러 가지 답이 나올 것이다. 잠자코 듣고 있다가 위의 것들 '전부 다'라고 말하는 사람도 있을지 모른다. 그런데 이런 것들이 무조건 좋은 것들일까? 칸트는 아니라고 한다. 모두 조건적이며 상대적으로만 좋은 것들이라고 한다.

예를 들어 명석한 두뇌는 좋은 목적에 쓰일 때에나 좋지, 사기를 칠 때 쓰이면 멍청한 두뇌보다 더 나쁜 것일 수 있다. 돈도 마찬가지일 것은 뻔하다. 돈으로 저지르는 나쁜 일들은 얼마나 많은가. 훌륭한 외모는? 그것은 무조건 좋은 것일 수도 있을 것 같지만 무조건적으로 좋은 것은 아닌 것 같다. 아름다움이란 상대적일 뿐 아니라, 사악한 인간의 빼어난 용모에서 오히려 추악함을 느낄 수도 있으니 말이다. 욕구의 충족에서 오는 만족감은 어떨까? 추잡한 욕구를 충족시킨 후의 만족감도 무조건 좋다고 하기는 어려울 것 같다. 사랑하는 마음은 무조건 선한 것이 아닐까? 그러나 무엇을 사랑하느냐에 따라 따져 보아야 할 것 같다.

이처럼 칸트가 보기에는 모두 어떤 목적에 이용되는 수단적인 것이어서, 그 목적에 따라 좋은 것일 수도 있고 나쁜 것일 수도 있는 것들이다. 즉 특정한 조건에서만 좋은 것이다. 그러면 칸트는 무엇을 무조건적으로 좋은 것이라고 할까?

칸트가 보기에 무조건적으로 좋은 것, 그 자체로 선한 것은 오직 한 가지밖에 없으니, 그것은 바로 선하려는 의지, 즉 **선의지**이다. 선의지가 있을 때 비로소 다른 것들도 선하게 이용될 수 있다. 나쁜 의지에서는 좋은 것들도 나쁘게 이용될 수 있다. 다른 여러 가지 좋은 것들과 달리 선의지는 어떤 목적 달성에 도움을 주기 때문에 좋은 것이 아니며, 예상되는 결과가 좋기 때문에 좋은 것도 아니고, 결과와 무관하게 무조건적으로 좋은 것이다. 그래서 칸트는 "이 세상에 있어서나 이 세상 밖에 있어서나 무조건적으로 선하다고 생각될 수 있는 것은 오로지 선의지밖에 없다."라고 말한다.

여기서 잠깐 개념 정리가 필요하다. 예리한 사람이라면 아마도 '좋다'라는 개념이 매우 애매하다는 느낌을 받았을 것이다. 우리말의 '좋다'라는 개념은 '싫다'의 상대적 개념일 수도 있고, '나쁘다'의 반의어일 수도 있다. 대부분의 사람들은 나쁜 것을 싫어하고 좋은 것을 좋아한다. 또는 자신이 싫어하는 것을 나쁜 것이라고, 좋아하는 것을 좋은 것이라고 속단하는 경향도 있다. 그러므로 '좋음'의 두 의미는 밀접한 관계가 있다. 그러나 그 관계가 어떻든 간에 두 의미를 구별할 필요가 있다. "나는 클래식보다 대중가요가 좋다."라고 말할 때처럼 주관적 선호를 의미하는 경우와, "당신이 그렇게 하기 싫더라도 어려운 이웃을 돕는 것이 좋은 일이다."라고 말할 때처럼 객관적인 도덕적 판단을 의미하는 경우를 비교해 보면, '좋다'의 의미가 명확하게 구별되기 때문이다. 앞의 용례들을 통해 알 수 있듯이 도덕적 판단에 사용되는 '좋음'은 나쁘다(영어의 bad)는 의미에 대립되는 좋음(영어의 good)이다. 그리고 한자어 선(善)도 이러한 좋음과 같은 의미로 사용한 것이다. 그러므로 칸트가 말하는 선의지, 즉 좋은 의지에 반대되는 의지는 악한 의지 또는 나쁜 의지라고 할 수 있다.

과연 선의지는 칸트의 말대로 무조건 좋은 것일까? 혹시 이렇게 묻는 사람은 없을까? "남을 돕겠다는 선한 의지, 즉 착한 마음에서 행동했는데, 그것 때문에 회복할 수 없는 큰 손해를 보았다면 그런 선의지는 무조건 좋은 것이라고 할 수 없지 않을까요?" 올바르고 착한 사람들이 오히려 더 가난하고 힘들게 사는 세상이라면 더욱더 나올 법한 질문이다. 그러나 선의지가 무조건 좋은 것이라는 의미는 선의지를 갖게 되면 그 결과가 무조건 좋다는 것이 아니다. 결과와 무관하게 그 선의지 자체는, 착한 마음 그 자체는 어느 누구도 심지어 하느님조차도 비난할 수 없는 올바른 마음이라는 의미다.

무엇보다도 마음 또는 의지가 중요하다는 이러한 생각은 칸트만의 독특한 생각이 결코 아니다. 종교를 포함한 대부분의 위대한 가르침은 겉으로 드러난 결과보다는 그 마음을 더 중요시하고 있으며, 이는 대부분의 사람들도 인정하는 부분일 것이다. 만일 천당과 지옥이라는 사후 세계가 있고, 죽어서 우리를 심판하는 자가 있다면,(하느님이든 염라대왕이든 간에) 무엇을 보고 우리를 심판할까? 돈? 권력? 인기? 외모? 이런 것들을 다 가지고 있는데 마음이 사악하다면? 이런 것들은 하나도 없지만 마음이 천사 같은 사람이라면? 과연 누구를 천국으로 보내야 하는가.

"나는 그런 사후 세계 따위는 믿지 않는다."라고 따지는 사람이 있을 수 있다. 그러나 여기서 말하고자 하는 것은 그런 세계가 있고 없고가 아니라, 만일 있다면 당신은 천국행 티켓을 과연 누가 받아야 한다고 생각하느냐이다. 만일 실제로 사후 세계가 있는데 알고 보니까 그 마음을 따지는 것이 아니라, 누가 부자인가, 또는 권력이 있는가, 교회에 돈을 얼마나 바쳤는가, 불공을 드린 시간이 얼마나 많은가, 사람들에게 얼마나 인기가 있었는가 등으로 심판을 한다면 여러분들은 그런 사후 세계가 과연 올바른 세계라고 생각하겠는가. 신이 그렇게 결정을 하겠다면 그것이 옳은 것이지 무슨 말이 많냐고 할 것인가? 아니다. 아무리 신이라도 그런 심판은 옳지 않고 신은 그럴 리가 없다고 생각하는 것이 우리의 상식이 아닐까? 바로 이러한 우리의 상식 속에 숨어 있는 옳고 그름의 기준을 칸트는 선의지라고 말한 것이다. 그래서 선의지는 '이 세상에서'만 좋은 것이 아니라 '이 세상 밖에 있어서도' 무조건적으로 좋은 것이다. 선의지가 없는 신이라면 우리는 신조차도 비난할 수 있기 때문이다.

　여기서 우리는 칸트가 선의지를 통해 강조하려는 것이 결국 도덕적 가치의 중요성임을 알 수 있다. 옳고 그름이 가장 중요하다는 것이다. 우리는 앞에서 '좋음'이라는 말의 애매모호함을 지적하였다. 좋다 싫다의 좋음이 아니라, 좋다 나쁘다의 좋음이라고 말했다. 그러나 좀 더 명확하게 말하자면, 칸트가 강조하는 것은 그중에서도 '옳다'는 의미의 좋음이다. 즉 도덕적 차원의 좋음이 바로 무조건적으로 좋은 것이라는 주장이다.

도덕적으로 중요한 것은 행위의 결과가 아니라 행위의 동기이다. 선하게 행동하겠다는 의지가 있을 때만이 도덕적 가치가 있는 것이다. 결과가 아무리 좋아도 그것이 사악한 동기에서 시작된 것이라면 어떻게 도덕적으로 훌륭하다고 하겠는가? 칸트와 같이 도덕적 평가는 행위의 결과가 아니라 동기에서 찾아야 한다는 윤리설을 우리는 **동기주의**라고 부른다. 그 반대는 당연히 **결과주의**라고 할 수 있으며, 결과주의의 대표적인 윤리설이 우리가 앞에서 살펴본 공리주의이다.

도덕적으로 훌륭하다는 것은?

칸트는 행복을 기준으로 도덕적 행위를 평가하는 행복주의 윤리설을 강하게 비판한다. 인생의 궁극적인 목적이 무엇이냐고 묻는다면 아마도 많은 사람들이 '행복'이라고 답할 것이다. **행복주의 윤리설**이란, 인간의 모든 행위가 궁극적으로 행복을 성취하기 위한 것이며 도덕적 행위 역시 행복을 성취하는데 기여해야만 가치가 있다는 생각이다. 결국 도덕도 행복의 일부분이거나 행복을 얻기 위한 수단이 되는 셈이다. 이러한 행복주의 윤리와 같이 삶의 목적을 기준으로 하여 도덕적 가치를 설명하고 평가하는 윤리를 '목적론적 윤리'라고도 부른다. 칸트는 목적론적 윤리, 특히 행복주의 윤리를 강하게 거부한다. 도덕적 가치는 다른 목적을 위한 수단이 아니라 그 자체로 평가되어야 한다는 것이다. 다시 말해 도덕적으로 행동하겠다는 의지, 선하게 살겠다는 의지만이 도덕적 평가의 대상이다.

우리들의 상식은 대체로 어떤 윤리설에 가까울까? 모든 사람들이 행복을 추구한다는 사실을 부정하기 어렵다고 볼 때 행복주의 윤리설이 보통 사람들의 생각을 잘 설명해 주는 것도 같다. 도대체 행복을 목적으로 하는 행위가 아니라면 왜 해야 하겠는가. 우리는 행복하기 위해 사는 것이고 모든 행위는 행복하기 위한 행위인 것 같다.

그러면 칸트의 생각은 철학자의 특별한 생각일 뿐 우리의 상식과는 먼 이야기일까? 결론부터 말하자면 그렇지 않다. 도덕에 대한 칸트의 생각은 우리의 상식과 크게 다르지 않다. 이 점이 칸트가 갖는 중요한 의미이기도 하다. 칸트는 우리가 사용하는 도덕, 또는 도덕성의 개념을 명료하게 확립한 사람이다. 또한 우리가 사용하는 도덕의 개념은 칸트를 알든 모르든 간에, 매우 칸트적인 경우가 많다. 칸트의 도덕성 개념은 새로운 발명이 아니다. 사람들의 상식 속에 칸트적인 도덕성의 개념이 있다.

우리는 도덕적 논쟁을 할 때 흔히 이런 식의 주장을 듣는 경우가 있다. "그래. 갑순이의 행동은 행복해지기 위해서 한 행동이지만, 을순이는 불행을 무릅쓰고 행동한 거야. 을순이는 그렇게 행동하지만 않으면 잘 살 수 있다는 것을 알면서도 그 행동이 옳기 때문에 행동한 것이지. 그러니까 갑순이보다는 을순이가 도덕적으로 더 훌륭하다고 할 수 있어. 물론 갑순이가 나쁘다는 것은 아니야. 잘 했지. 그러나 그것은 도덕적인 의미에서 잘 한 것은 아니야. 잘 살겠다는 것은 모든 사람들, 아니 모든 동물의 욕구이고 그것을 충족시키겠다는 것은 너무나 당연한 일이지. 그러나 도덕적 행동이라는 것은 잘 살기 위해서, 행복해지기 위해서 하는 행동이 아니야. 오히려 자신의 행복을 희생하면서도 옳은 일을 실천하는 것이 도덕적인 것이고 그래서 더 가치가 있는 것이야. 행복해지려는 행동은 좋은 사람 나쁜 사람 가릴 것 없이 누구나 하는 행동일 뿐이지."

좀 더 구체적인 주장을 들어 보자. "예를 들어 볼까? 위기에 처한 어떤 딱한 여인이 누군가의 도움을 간절히 기다리고 있다고 하자. 그런데 알고 보니 그 여자는 재벌 딸이야. 그 여자를 구해 주면 팔자를 고칠 수도 있어. 좋았어! 라고 생각하고 그녀를 구해 준 사람이 있다고 하자. 그런데 같은 상황에서 그녀가 재벌 딸이라는 것은 모르지만 너무 예뻐서 구해 준 청년이 있다고 하자. 마지막으로 그 여자가 누구인지도 모르고 예쁘지도 않은데, 더군다나 이 일로 손해가 예상되는데도 불구하고, 위기에 빠진 사람을 구해 주는 것은 당연하다는 생각에 뛰어든 사람이 있다고 하자. 우리는 누구에게 도덕 점수를 더 주어야 할까?" 아무리 영악한 세상이라지만 아마 우리의 상식은 세 번째 사람이 도덕적으로 훌륭하다고 말할 것이다.

위의 예가 보여 주는 것은 도덕이라는 것이 다른 어떤 목적에 의해 평가될 수 있는 것이 아니라는 사실이다. 도덕은 그 자체로 평가되어야 하고, 다른 어떤 것 때문에 도덕적인 것은 진정한 도덕성을 가진 것이 아니라고 할 수 있다. 어떤 이익이나 행복 '때문'이 아니라 그런 것에도 '불구하고' 행동할 때 도덕적인 것이다. 도덕적 가치는 다른 가치에 종속되지 않는 독립적 가치라는 것이다. 세 번째 사람에게 도덕 점수를 더 주는 것이 우리의 상식이라면, 우리의 상식은 매우 칸트적이다. 우리의 상식 속에는 이처럼 독립적 가치를 갖는 도덕성의 개념이 살아 있으며, 이것이 바로 칸트적인 도덕성 개념이다.

행복에 얼마나 기여했느냐는 것이 행동을 평가하는 도덕적 기준이 될 수 없는 만큼, 도덕 개념은 행복 개념과 무관한 것이다. 행복을 기준으로 도덕적 평가를 한다면 나쁜 동기에서 비롯한 행위도 결과만 좋으면 도덕적으로 훌륭하다고 평가하지 못할 이유가 없다. 그래서 칸트는 행복주의 윤리설을 강하게 거부하는 것이다.

그렇다면 행복을 얻기 위한 행동은 모두 나쁘다는 말인가? 그것은 아니다. 다만 도덕적 차원의 문제가 아닌 것이다. 도덕은 오직 행위자의 의지가 선하냐는 기준에 의해서만 평가되는 독립적 가치를 갖고 있다는 것이다. 그래서 도덕적으로 옳은 행동을 하는 데는 다른 이유가 없다. 그것이 옳기 때문에 그렇게 행동할 뿐이다. 너는 왜 그 여자를 도왔니? 그것이 옳은 행동이기 때문에 도왔을 뿐이다.

그 결과로 재벌 딸과 결혼해 팔자를 고치든, 미녀와의 사랑이 시작되든, 아니면 심각한 위험에 빠지든 그것은 도덕적 관점에서 본 문제가 아니다. 물론 우리의 삶은 다양한 가치들이 뒤섞인 매우 복잡한 것이기에 오직 도덕적 가치만이 중요하다고 할 수는 없을 것이다. 그렇다고 하더라도 도덕이 다른 가치를 실현하는 수단으로 전락할 수는 없다는 생각, 도덕은 그 자체로 독립적 가치를 갖는다는 생각이 바로 칸트의 도덕성 개념에 담겨 있는 요소이다. 그리고 우리의 상식 속에도 이는 여전히 살아 있다.

의무를 다하면 도덕적일까?

이처럼 칸트는 선의지라는 개념을 통해 도덕성의 독립적 가치를 확립했다. 그런데 그 자체로 좋은, 무조건적인 선은 선의지뿐이라면, 도대체 선의지를 갖는다는 것은 어떤 것일까? 그냥 착한 마음을 말하는 것인가? 아니면 불의를 참지 못하는 정의감일까? 칸트의 선의지는 그런 마음의 성향(또는 경향성)이 아니다. 선의지에서 나온 행위는 성향과 상관없이 의무이기 때문에 의욕적으로 행하는 것이다. 오직 의무에서 나온 행위만이 도덕적인 행위이다.

'의미에서 나온' 행위는 단지 '의무에 들어맞는' 행위와는 다르다. 의무에 들어맞는 행위는 행위자의 동기와 무관하게 겉으로 드러나는 객관적 기준과 일치하면 된다. 겉으로 보기에는 의무에서 나온 행위나 단지 의무에 들어맞는 행위나 똑같지만, 전자만이 선의지를 가진 것이다.

다시 예를 들어 보자. 우리가 잘 아는 나무꾼과 도끼 이야기이다. 산신령이 재윤이라는 나무꾼에게 "이 금도끼가 너의 도끼냐?"라고 묻자, 재윤이는 "아닙니다."라고 답한다. "이 은도끼가 너의 것이냐?", "아닙니다.", "그럼 이 쇠도끼가 너의 도끼냐?", "네, 그렇습니다." 이렇게 해서 정직한 재윤이는 산신령으로부터 금, 은, 쇠도끼를 모두 상으로 받았다. 이 이야기를 들은 욕심쟁이 재벌이는 산속 연못에 도끼를 빠뜨리고 나서, 똑같은 산신령의 질문에 재윤이와 똑같은 대답을 하였다. 그러나 재벌이는 상을 받지 못하였다. 재벌이는 억울하였다. 거짓말하지 않고 사실대로 말한 것은 둘 다 마찬가지인데, 왜 재윤이는 상을 받고 나는 못 받습니까? 라고 산신령에게 따졌다. "네 이놈, 재윤이는 다른 목적이 있어서 정직하게 말한 것이 아니라, 거짓말하지 않는 것이 옳기 때문에, 그것이 인간의 도덕적 의무이기 때문에 그렇게 행동한 것이고, 너는 다른 속셈이 있어서 거짓말을 안 한 것이 아니냐. 칸트식으로 말하자면 재윤이는 의무에서 나온 행동을 한 것이고, 너는 단지 의무에 들어맞는 행위를 했을 뿐이다. 칸트도 모르는 무식한 녀석아!" 이 산신령을 칸트주의자라고 해야 할까? 아마 어느 누구라도(산신령이든 사람이든) 재벌이에게는 상을 주지 않을 것이다. 이처럼 우리는 칸트와 같은 생각을 갖고 있으며, 칸트의 주장은 우리의 상식과 통한다.

산신령은 겉으로 드러난 행동이 아니라 행동의 동기, 즉 선의지가 있는가를 기준으로 가치 판단을 한 것이다. 사람의 마음을 들여다볼 수 있는 산신령에게는 두 사람의 마음이 빤히 보였을 것이다. 그런데 산신령이 아닌 우리 인간들은 남의 마음을 어떻게 읽을 수 있을까? 우리는 겉으로 드러난 것만을 보고 남의 마음을 짐작할 수 있을 뿐이다. 그래서 속셈을 드러내는 결과가 나오기 전까지는 선의지를 갖고 있는지 없는지 알 수가 없다. 다시 말해, 의무에서 나온 행위인지 아니면 단지 의무에 들어맞는 행위인지 구별할 수 없는 것이다. 행위의 결과만을 중요시한다면 그런 구별은 불필요하다. 그러나 도덕적 가치는 오직 행위의 동기에 있다는 동기주의에서는 그 구별이 매우 중요하다. 선의지를 갖고 행동한, 즉 의무에서 나온 행동만이 도덕성을 갖기 때문이다.

물론 단지 의무에 들어맞는 행위라고 해서 나쁜 행위라는 것은 아니다. 의무에 들어맞는 행위는 도덕성은 없지만 벌을 주어야 하는 행위는 아니다. 객관적 기준을 만족시켰기 때문이다. 그러므로 객관적 기준에 따라 판단하는 법의 영역에서는 의무에 들어맞는 행위는 적법한 행위이며 나무랄 이유가 없다. 법이 사람의 속마음까지 심판하는 것은 아니며, 그럴 수도 없기 때문이다. 나쁜 마음을 품었다고 법에 의해 처벌받지는 않으며, 이는 객관적으로 판단할 수 있는 문제가 아닌 것이다. 그러나 도덕의 영역은 우리의 행동뿐 아니라 마음까지 포괄하는 넓은 영역이다. 그래서 비록 남들에게 드러나지 않을지라도 나에게는 숨길 수 없는 나의 마음, 행동의 동기가 중요한 것이다.

우리의 상식도 동기를 매우 중요시 한다. 그래서 이기적 동기에서 한 행위와 이타적 동기에서 한 행위를 구별하고, 전자의 경우에는 도덕적 가치를 부여하지 않는다. 자신을 위해 대단한 성공을 한 사람에 대해 그의 능력과 결과에 대해서는 인정하고 칭찬하지만, 도덕적으로 훌륭하다고는 아직 말할 수 없다고 생각하는 것이 우리의 상식이 아닐까? 그렇다면 우리의 상식은 여전히 칸트적이다.

도덕의 근원은 감정인가, 이성인가?

남을 위한 행동은 모두 도덕적인가? 우리는 대체로 이타적인 행위는 도덕적 행위라고 평가한다. 그러나 칸트는 이타적인 행위라고 해서 모두 도덕적 행위는 아니라고 본다. 다시 말해 이타적인 행위가 모두 선의지를 가진, 의무에서 나온 행위는 아니다. 칸트의 도덕성은 매우 엄격하다. 남을 돕고자 하는 마음에서 비롯한 행위라고 해도 그것이 자신의 성향에서 나오는 것이라면 그것은 선의지에서 비롯된 것이 아니다.

한 남자가 위험을 무릅쓰고 사랑하는 여인을 위기에서 구해 주었다고 하자. 여자는 "당신은 나를 사랑하기 때문에 구해 주었어요, 아니면 의무감에서 그랬어요?"라고 물었다. 이런 속보이는 질문에 어떻게 답해야 할지 망설이는 남자는 거의 없을 것이다. 당연히 "사랑하기 때문에"라는 답변과 함께 보답으로 열렬한 키스 정도는 받을 것이다. 그러나 그의 의지는 결코 선한 것이 아니며, 따라서 그의 행위 역시 도덕적 행위가 아니다. 사랑 때문에 구해 주었다면, 만일 사랑하지 않았다면 구해 주지 않았을 수도 있기 때문이다. 반면에 의무에서 나온 행위였다면, 사랑과 상관없이 당연히 구해 주었을 것이다. 도덕은 사람의 감정과 같은 심리적 성향에 따른 것이 아니기 때문이다.

성향에서 나오는 행위란 자신의 심리적인 성향에 의해 이끌어진 행위를 말한다. 칸트에 따르면, 인간은 전적으로 이성적인 존재가 아니다. 인간은 다른 동물과 마찬가지로 감정과 욕구를 가진 존재이다. 그래서 인간은 이성과 감정의 갈등을 겪게 되기 쉽다. 인간을 제외한 동물들은 감정과 욕구의 법칙에 따라 행동할 뿐이므로 도덕이라는 것이 있을 수가 없다.

동물의 어떤 행동도 도덕적으로 평가할 수가 없다.

동물은 선한 것도 악한 것도 아니고 단지 자신의 본능적 욕구에 따라 행동할 뿐이다. 오직 인간만이 욕구와 감정에 맞서서 다르게 행동할 수 있다. 인간만이 이성이 있는 것이다. 그래서 인간은 이성과 감정의 갈등을 겪게 된다. 우리가 자신의 감정에도 불구하고 도덕적 행위를 할 수 있는 까닭은 이성이 우리에게 도덕적인 명령을 내리기 때문이다. 도덕적인 명령에 따를 때 우리는 비로소 도덕적인 행위를 한 것이다. 도덕적 명령을 내리는 이러한 이성을 **실천이성**이라고 한다.

실천이성의 명령에 따르는 행위가 아니면, 그것이 결과적으로 의무에 들어맞는 행위라 할지라도 의무에서 나온 행위가 아니다. 따라서 선의지가 있는 것이 아니라고 할 수 있다. 자신의 성향에서 비롯한 행위가 도덕성과 무관한 이유가 바로 이것이다. 마음이 여리고 착해서, 불쌍한 것을 보면 마음이 아파서 남을 도운 것은 결국 자신의 심리적 성향과 감정에 따라 행동한 것이기 때문에, 그것만으로는 도덕적 행동이라고 볼 수가 없다. 그렇게 성향에 따른 행동은 이성에 따른 행위가 아니다. 동물이 본능적으로 새끼를 보호하는 것과 다를 것이 없는 것이다. 물이 위에서 아래로 흐르는 것을 도덕적 차원으로 설명할 수 없듯이, 성향에 따른 행위는 도덕적 차원을 갖지 않는다. 성향과 관계없이 이성의 명령에 따를 때 그것이 바로 의무에서 나온 행위이다.

감정이나 욕구와 같은 성향에 따른 행위가 도덕적일 수 없는 또 다른 이유는, 그것이 상대적이기 때문이다. 도덕적인 명령은 언제 어디서나 누구에게나 적용되는 보편적인 명령이어야 하는데, 감정이나 욕구는 언제든지 변할 수 있다. 감정은 주관적이어서 사람마다 다르며, 같은 사람이라도 상황에 따라 감정이 변하기 때문에 보편적인 도덕의 원리가 될 수 없다. 위기에 빠진 애인을 구한 위의 예에서, 사랑 때문에 구한 사람은 만일 사랑이 식었다면 구하지 않았을 것이다. 이처럼 변화하는 감정에서 도덕의 원리를 찾을 수는 없다는 것이 칸트의 생각이다. 감정이나 욕구가 어떻든 간에 이성의 명령에 따르는 것이 칸트가 말하는 도덕이다.

여기서 우리는 칸트를 오해해서는 안 된다. 칸트가 사랑이나 연민과 같은 감정에서 나온 행위를 인정하지 않는다거나 가치가 없다고 평가하는 것은 아니다. 그가 주목하는 것은 도덕성의 근원은 감정이 아니라 이성이라는 것이며, 도덕적인 행위란 바로 의무에서 나온 행위라는 점이다. 그러니 마음껏 사랑해도 좋을 일이다. 다만 사랑은 도덕적 차원의 문제가 아닐 뿐이다.

이제 우리의 상식과 다시 한 번 비교해 보자. 우리는 보통 자신의 욕구를 채우려는 이기적인 동기를 가진 의지는 선한 의지가 아니고, 이타적인 동기를 가진 의지는 선한 의지라고 생각한다. 그러나 이타적인 동기에서 행동한다고 해도 자신의 감정이나 성향에서 나오는 경우에는 선한 의지가 아니라고 보는 것이 칸트의 생각이다. 자신의 성향에 따르는 것은 자신의 감정이나 욕구에 따르는 것이고 결국 자신을 위한 것과 같기 때문이다. 우리는 주변 사람들에게서 마음씨 좋고, 순하고, 인정 많은 성향을 보면 매우 긍정적으로 평가한다. 반면에 거칠고, 독하고, 인정머리 없는 성향의 경우에는 부정적 평가를 하는 편이다. 칸트 역시 우리와 비슷한 마음이었을 것이다. 그러나 칸트가 보기에 그러한 성향들 간의 차이는 도덕적 차이가 아니다. 칸트의 도덕철학에서는 좋은 성향과 나쁜 성향의 대비가 중요하지 않다. 어떤 성향을 따라야 하느냐가 아니라 성향을 따르느냐 의무를 따르느냐, 달리 말하면 감정을 따르느냐 이성을 따르느냐가 중요한 것이다.

위기에 빠진 여자를 사랑 때문에 구한 것이 아니라, 그것이 의무이기 때문에 구한 남자야 말로 도덕적 행동을 한 것이다. 물론 의무감에서 당신을 구했다는 대답은 여자를 실망시키겠지만 어쩔 수 없는 일이다. 이렇게 생각할 수는 없을까? 의무감에서 구해 주었다고 해도, 여자를 실망시키지 않기 위해서 (마땅한 보답을 받기 위해서는 결코 아니고) '사랑' 때문이라고 악의 없는 거짓말을 하는 것은 어떨까? 칸트가 허락해 줄까? 이 문제는 다음 장에서 다루어 보자.

5
도덕 명령에는 예외가 없는가?

- 도덕법칙이란?
- 무조건 따라야 하는 명령이 있을까?
- 거짓말은 무조건 안 되는가? (1)
- 거짓말은 무조건 안 되는가? (2)

도덕법칙이란?

칸트가 보기에 무조건적으로 선한 것은 선의지밖에 없으며, 선의지는 의무에서 나온 행위를 하려는 의지이다. 도덕적 행위는 오직 의무에서 나온 행위일 뿐이다. 그렇다면 의무에서 나온 행위는 과연 어떤 것일까?

세상에는 살면서 실행해야 할 의무가 많다. 국민으로서의 의무, 직업인으로서의 의무, 학생의 의무 등 많은 의무가 있다. 하지만 칸트가 말하는 의무는 이 같은 여러 가지 구체적인 의무들이 아니다. 의무에서 나온 행위란 도덕법칙의 명령에 따르는 것이다. **도덕법칙**이란 무엇인가?

법칙에는 두 가지 종류가 있다. 하나는 자연법칙이고 다른 하나는 도덕법칙이다. 자연법칙은 만유인력의 법칙과 같은 자연의 법칙으로서, 모든 자연적 존재는 자연법칙을 따른다. 자연법칙은 필연적인 법칙이며, 모든 자연현상은 자연법칙에 따른다. 그러나 도덕법칙은 마땅히 따라야 할 당위의 법칙이며 오직 이성을 가진 인간에게만 적용되는 법칙이다. 도덕법칙은 우리 자신의 이성이 내리는 명령이다.

자연법칙은 그 법칙을 따르라고 명령할 필요 없이 모든 자연적 존재들이 따르도록 되어 있다. "만유인력의 법칙을 반드시 지켜라."라고 명령하지 않아도 그 법칙은 지켜진다. 반면에 도덕법칙은 모든 인간들이 지켜야 함에도 불구하고 지켜지지 않을 수 있다. 그래서 도덕법칙은 "거짓말을 하지 마라.", "살인하지 마라."와 같은 명령의 형식을 갖는다. 명령한다는 것은 명령을 따르지 않을 수도 있음을 함의하고 있다. 세상에 거짓말하는 사람들이 아무도 없고, 거짓말이 무엇인지도 모르는 사람들만 사는 세상에서 "거짓말하지 마라."라는 명령은 쓸데없는 말이다. 거짓말하는 사람들이 있기 때문에 그런 명령도 있는 것이다.

만일 인간이 오직 이성만을 가진 존재라면 도덕법칙은 자연법칙과 같이 반드시 지켜질 것이다. 왜냐하면 도덕법칙은 이성의 명령이기 때문에, 이성이 내린 명령을 이성이 지키는 것은 너무나 당연하기 때문이다. 그러나 인간은 이성적이면서 동시에 감성적인 존재이기 때문에 도덕법칙에 따르지 않을 수도 있다.

무조건 따라야 하는 명령이 있을까?

인간은 이성에 따르지 않고 감성적 욕구에 이끌려 행동할 수 있기 때문에, 다시 말해서 도덕법칙에 따르지 않을 수 있기 때문에 도덕법칙은 "~하라"라는 명령의 형식을 갖는 것이다. 그런데 이러한 명령의 형식에는 **가언명법**(가언명령)과 **정언 명법**(정언명령)이라는 두 가지 종류가 있다.

가언명법은 조건적 명령이다. "성공하려면 열심히 일해라.", "건강을 지키려면 운동을 해라.", "천국에 가려면 예수를 믿어라."와 같이 어떤 목적 달성을 위해서는 어떻게 하라 라는 명령이다. 가언명법은 반드시 따라야할 도덕적 의무를 부여하지 않는다. 성공이라는 목적을 포기하면 열심히 일하라는 명령을 따를 이유가 없어지기 때문이다.

세상에는 수많은 가언명법들이 있다. 책방에 가면 처세에 관한 책을 모아 놓은 코너가 있다. 그곳에는 모두 "성공하려면 이렇게 하라."라는 종류의 가언명법들로 가득 차 있다. 경영 서적도 마찬가지다. "경영을 잘 하려면(돈을 잘 벌려면) 이렇게 하라."라는 가언명법들이다. 따지고 보면 우리에게 도움을 주는 대부분의 지혜, 또는 지침들은 모두 "무엇 무엇을 원한다면 어찌어찌 하여라."라는 식의 가언명법들이다. 가언명법들은 모두 어떤 목적을 얻기 위해서는 어떻게 하는 것이 합리적인가를 가르쳐 주는 명령들이다.

가언명법은 과연 그 목적이 올바른 것인가를 문제 삼지 않는다. 건강을 지키려면 운동을 하라는 가언명법은 건강이라는 목적이 좋은 것임을 이미 전제하고 있다. 성공을 가르쳐 준다는 경영이나 처세술의 경우도 마찬가지다. 돈을 잘 버는 것이, 또는 기업 경영을 잘 하는 것이 과연 좋은 것일까? 돈이나 기업의 활동 등이 세상을 움직이는 자본주의 사회는 과연 바람직한 것인가? 라는 식의 문제의식을 가진 사람은 경영코너의 책에서 별 도움을 받을 수 없다. 경영학의 가언명법들은 그런 목적에 관한 검토가 아니라, 그 목적을 달성하기 위한 수단을 알려 주는 명령들인 것이다.

가언명법과 달리 어떤 목적도 전제하지 않고 무조건 하라는 명령이 정언 명법이다. 그런데 과연 그런 명령이 있을까? 모든 명령은 가언명령이 아닐까? 교회에 가도 "천국에 가려면", "축복을 받기 위해서는" 등의 목적을 전제하고 있지 않은가? 종교적인 명령도 가언명법의 형식을 갖고 있는데 과연 정언 명법이라는 것이 있을까? 어떤 목적도 전제하지 않고 무조건 이렇게 하라는 명령이 과연 있을까?

칸트는 정언 명법의 존재를 확신한다. 우리가 앞에서 살펴본 칸트의 선의지를 잘 기억하고 있는 독자라면 그가 무조건적 명령이 있음을 인정한다는 것을 충분히 짐작했을 것이다. 선의지는 무조건적으로, 그 자체로 좋은 것이다. 칸트는 세상의 모든 것은 상대적으로 좋을 뿐이라고 생각하는 상대주의자가 아니다. 그 자체로 좋은, 무조건 좋은 것이 있다. 그렇다면 어떤 목적과도 상관없이 무조건 실천해야 하는 명령도 있을 것이다. 도덕적 명령이 바로 그와 같은 명령이다. 도덕적 명령은 "이런 목적을 원한다면 이렇게 해라."라는 식의 가언명법일 수가 없다. 도덕이라는 것은 처세를 위한 생활의 지침이 아닌 것이다. 도덕은 "거짓말하지 마라.", "살인하지 마라."와 같이 목적이나 결과에 상관없이 무조건 지켜야하는 명령이다. 도덕적 명령이 바로 정언 명법이다.

그렇다면 "거짓말하지 마라.", "살인하지 마라." 등의 도덕 규범들은 모두 정언 명법일까? 칸트는 엄밀하게 말하면 정언 명법은 오직 하나밖에 없다고 말한다. 칸트의 정언 명법은 모든 도덕적 명령을 포괄하는 근본 법칙이다.

네 의지의 준칙이 항상 동시에 보편적 입법의 원리로서 타당하도록 행위하라.

이것이 칸트의 정언 명법이다. 이제 이 정언 명법을 자세히 검토해 보자. 먼저 '준칙'이란 개인이 세운 의지의 주관적인 원칙을 말한다. 예를 들면 "매일 아침 6시에 일어나 운동장을 5바퀴 뛰겠다.", "부모님께 하루에 한 번 안부 전화를 한다."와 같이 스스로 정한 원칙이다. 이렇게 주관적인 준칙이 보편적인 법칙이 될 수 있도록 행위하라는 것이 칸트의 정언 명법이다. 자신이 세운 원칙대로 모든 사람들이 행동한다고 해도 괜찮을까 라고 스스로 묻고, 괜찮을 경우에만 그 준칙대로 행동하라는 것이다.

우리는 가끔 자기 자신이나 주변 사람들에게 "모든 사람들이 너처럼 그렇게 행동한다면 어떻겠는가?"라면서 반성을 촉구할 때가 있다. 이러한 반성에서 작용하는 것이 바로 칸트의 정언 명법이다. 자신의 원칙을 보편화시켜 보라는 것이다.

약속을 지키기 힘든 경우에 우리는 약속을 깨고 싶은 유혹을 느낀다. 이럴 때 칸트의 정언 명법을 적용시켜 "힘들면 약속을 깨도 좋다."라는 나의 준칙이 보편적인 법칙이 될 수 있는지 검토해 보자. 그러면 "누구든지 힘들면 약속을 깨도 좋다."라는 보편적 명령이 나올 것이다. 이것이 도덕법칙이 된다면 어떻게 될까? 아마 약속이라는 것은 아무 의미가 없는 행위가 될 것이다. 조금만 힘이 들면 약속을 지키지 않아도 될 것이기 때문이다. 약속이라는 것은 어느 정도 지키기 힘든 경우를 예상하여 지키겠다고 다짐하는 것이다. 아무 힘도 들지 않고 쉽게 지켜지는 것이라면 굳이 약속할 필요도 없을 것이다. 약속을 한다는 것은 힘이 들어도 꼭 지키겠다는 다짐인데, "누구든지 힘들면 약속을 깨도 좋다."라는 도덕법칙이 있다면 약속한다는 다짐은 의미가 없어지는 것이다.

이처럼 칸트의 정언 명법이 요구하는 것은 우리의 행위 원칙이 보편성을 지녀야 한다는 것이다. 정언 명법은 우리에게 구체적인 내용을 가진 명령을 하는 것이 아니다. 다만 어떤 행위의 원칙이든지 그것이 도덕적이기 위해 반드시 갖춰야 하는 형식을 알려 준다. 도덕의 내용이 아니라 형식인 것이다. 그것이 바로 '보편화 가능성'이다. 너의 준칙이 너만의 것이 아니라 모든 사람들에게 보편적으로 적용될 수 있어야 한다는 기본 원칙이다.

만일 어떻게 행동하는 것이 도덕적인지 구체적인 내용을 지닌 가르침을 칸트에게 기대했다면 여기서 실망할 수도 있다. 칸트가 알려 주는 것은 단지 보편화시켜도 좋은 행동을 하라는 것일 뿐 아무런 내용이 없다. 사실 칸트가 찾고자 한 것이 바로 도덕적 행위 일반의 보편적인 형식이다. 이 형식만 가지면 어떤 행동이든지 그것이 도덕적인지 아닌지를 검토할 수 있는 그런 형식을 찾아낸 것이다.

그것이 바로 형식의 위대함이다. 형식의 위대함을 잘 보여주는 대표적인 예가 수학이다. 수학이라는 학문이 보편적 쓰임새를 갖는 이유도 바로 수학의 형식성에 있다. 1+1=2라는 식은 셀 수 있는 모든 대상들에 적용되며 그 대상의 특정한 성질에는 전혀 상관하지 않는다. 모래알을 세든지 사람을 세든지 별을 세든지 이 식은 똑같이 적용된다. 사물들의 구체적인 성질들을 모두 배제하고 논리적인 생각의 형식만을 다루기 때문에 수학은 많은 곳에 적용될 수 있는 것이다. 형식은 아무런 내용도 없지만 바로 그 점 때문에 어떤 내용이든지 담아낼 수 있다.

칸트의 정언 명법도 구체적인 내용을 갖는 도덕적 명령이 아니다. 정언 명법은 모든 도덕적 명령이 가져야만 하는 형식을 표현한 것이다. 물고기를 얻으러 갔다가 빈 그물을 얻었다고 해서 실망할 일은 아니다. 몇 마리의 물고기보다는 물고기를 잡을 수 있는 그물이 더 소중하기 때문이다. 칸트의 정언 명법은 행위의 원칙이 도덕성을 지니고 있는지 아닌지 걸러

주는 그물인 것이다.

거짓말은 무조건 안 되는가? (1)

이제 우리는 어떻게 행위할 것인가를 고민할 때, 칸트가 주는 도움은 구체적인 행위의 법칙이 아님을 알았다. 우리는 칸트가 말하는 정언 명법에 따라 스스로 행위의 원칙을 찾아야 한다. 그런 의미에서 정언 명법은 실천이성의 근본 법칙이라고 할 수 있다. 이러한 근본 법칙에 따라 세워진 도덕적 명령은 누구에게나 어떤 상황에서나 적용되는 무조건적 명령이다. 앞에서도 언급했듯이, 도덕적 명령은 가언명법이 아닌 정언 명법이라는 사실이 바로 도덕적 명령은 무조건적이라는 것을 의미한다. 무조건적 명령이기에 어떠한 예외도 허용될 수 없다.

두 사람이 동일한 법을 위반했는데 한 사람에게는 벌을 주고 다른 한 사람에게는 벌을 주지 않는다면 어떨까? 법은 만인 앞에 평등해야 하는데 그럴 수 있는가 라면서 모두 분노할 것이다. 도덕도 역시 마찬가지이다. 부자의 도덕, 빈자의 도덕, 어른의 도덕, 아이의 도덕이 따로 있을 수 없다. 도덕은 모든 인간에게 예외 없이 적용되어야 한다는 것이 정언 명법의 정신이다.

그러나 세상에 예외 없는 법이 있는가? 법을 적용할 때에도 구체적인 상황을 고려한다. 그래서 배심원 또는 판사의 심사숙고가 필요한 것이다. 법보다 테두리가 더 넓은 도덕의 경우에는 각각의 상황을 더욱더 배려해야 하지 않을까? 그런데 어떻게 예외 없는 도덕규범을 생각할 수 있을까? 예를 들어 "거짓말을 하지 마라."라는 원칙을 예외 없이 지킬 수 있을까? 지킬 수 있다고 하더라도 예외 없이 지키는 것이 과연 도덕적으로 옳은 일일까?

별로 예쁘지 않은 여자 친구가 "나 예뻐?"라고 묻는데 "안 예뻐."라고 진실을 말하는 것이 과연 옳은 일이고, "그럼, 예쁘지."라고 거짓말하는 것은 나쁜 일인가? 쓴 약을 먹지 않으려는 아이에게 "이 약은 별로 안 써."라고 거짓을 말하는 것도 나쁜 일일까? 무겁고 심각한 예도 있다. 일제 강점기라고 하자. 일본 경찰을 피해 우리 집에 독립군이 들어와 숨었다. 숨어들어온 자가 있는지 묻는 경찰에게 "그런 사람 없소."라고 거짓말하는 것도 옳지 않다는 말인가.

칸트가 살아 있다면 얼른 가서 물어보고 싶다. 그럴 수 없으니, 칸트를 대신해서 우리 스스로 생각할 수밖에 없다. 사실 칸트가 학생들에게 강조했던 것이 철학이 아니라 '철학하기'를 배우라는 것이었으니, 칸트도 자신이 답을 해 주는 것보다는 우리가 열심히 생각하는 것을 더 기뻐할 것이다. 칸트의 주장에 따르자면 어떤 거짓말이라도 나쁜 것인가? 이 문제에 대해 우리는 두 가지로 생각할 수 있다.

도덕법칙은 예외 없이 무조건 지켜야 하기 때문에 어떤 예외도 허용할 수 없다고 칸트가 말했지만, 그래도 독립군을 살리기 위해서 거짓말한 것 정도는 옳은 일이 아닐까? 아마 우리는 대부분 옳은 일이라고 할 것이다. 그러나 거짓말하는 것은 무조건 옳지 않으며 예외가 허용될 수 없다는 것이 대부분의 윤리학 책들에서 소개되고 있는 칸트의 입장이다.

예외를 허용한다는 것은 경험적 사실에 기초하여 무조건적 명령을 지키지 않겠다는 것인데, 경험적 사실은 수많은 변수에 의존하는 우연적인 것이며 상대적일 수밖에 없다. 칸트가 도덕의 원칙을 순수한 형식만으로 세우려고 한 의도가 바로 거기에 있다. 우리의 구체적인 경험들은 모두 특수한 입장을 갖게 되며, 그것을 기초로 한 원칙은 보편적인 것이 될 수 없다. 그래서 칸트는 경험에 의존하지 않는 형식적 원칙을 찾은 것이다.

예외를 허용하기 시작하면 어떤 원칙도 무너지기 쉽다. 거짓말한 사람들을 모두 모아 놓고 사정을 들어 보자. 거짓말을 하고 싶어서 한 것이 아니라 그럴 수밖에 없는 사정이 있어서 어쩔 수 없이 했다고 할 것이다. "난 안 해도 되지만 그냥 거짓말했다. 어쩔 테냐?"라고 말하는 사람이 있을까? 모두 자신들의 거짓말은 예외라고 주장할 것이다. 경험적 사실에 의존하여 구체적 상황을 고려하면 이렇게 될 수밖에 없다는 것이 칸트의 생각이다. 그래서 도덕법칙의 형식, 즉 누구에게나 적용되어야 한다는 보편화의 원칙이 중요한 것이다.

조선을 근대화시켜 주기 위해 왔다고 생각하는 일본 우익에게는 우리의 독립군이 단지 범법자에 불과하다는 주장도 가능하다. 이것이 경험적 사실의 세계이다. 그렇다면 우리의 판단과 일본 우익의 판단이 동등한 무게를 갖는가? 이것은 칸트에게 물을 일이 아니다. 칸트에게는 수학적, 물리학적 법칙이 자연 세계에 예외 없이 적용되듯이, 도덕 법칙에도 예외가 없다. 도덕적 판단은 우리에게 유리하고 불리한 것을 따지는 것이 아니다. 이러한 엄격성과 형식성이 칸트 윤리학의 장점이자 한계이기도 하다.

거짓말은 무조건 안 되는가? (2)

칸트의 정언 명법을 그렇게 생각해야 할까? 도덕법칙은 어떤 경우에도 무조건 지켜야 한다는 말인가? 오직 순수 형식(보편화 가능성)만을 고려하고 경험적 사실은 무시해도 되는가? 칸트는 별로 예쁘지 않은 옆집 소녀에게 "예쁘구나."라는 말도 안 했을까?(칸트는 꽤 사교적이었다던데.) 그가 한국인이라면 집에 독립군이 들어오지 않았다고 일본 헌병에게 거짓말하지 않고, "여기 있어요."라고 진실을 말했을까?

칸트가 행위의 원칙을 보편성이라는 형식에서 찾은 것은 틀림없지만, 위에서처럼 모든 경험적 사실들을 무시하는 무차별적 엄격주의자로 보지 않는 해석도 가능하다. 세상에는 원칙대로 행동하는 것이 불가능한, 가능하다고 해도 막상 그래서는 안 되는 일들이 많이 있음을 칸트가 모를 리 없었을 것이다. 빵을 훔치지 않으면 옆 사람의 생명을 구할 수 없는 처지에 빠졌다고 하자. 다른 방법이 없는 급한 상황이라고 하자. 그래도 빵을 훔치는 도둑질은 곤란한가? 그렇다면 죽어가는 생명을 방치하는 것은 괜찮은가? 도둑질을 해서는 안 된다는 준칙과 생명을 구해야 한다는 준칙이 충돌하는데, 그 중 하나는 지키지 못할 수밖에 없다.

대부분의 도덕적 갈등은 둘 이상의 도덕규범이 충돌하면서 생기는 경우들이다. 그중에서 어떤 의무를 지켜야 하는가, 그것이 문제인 것이다. 그러므로 모든 도덕규범들이 무조건적으로 예외 없이 지켜져야 한다는 것은 불가능한 일이다. 그렇다면 칸트의 정언 명법은 우리에게 무엇을 말하고 있는가?

정언 명법은 우리가 행위의 주관적 원칙인 준칙을 세울 때, 반드시 모든 사람에게 예외 없이 적용되어도 괜찮도록 준칙을 세우라는 명령이다. 준칙은 보편성이 있어야 한다는 것이다. 여기서 칸트가 강조하고 있는 것은 구체적 행위가 아니라 행위의 준칙이 가져야 하는 보편성이다. 거짓말해서는 안 된다는 준칙이 예외 없이 무조건 지켜질 수는 없을 것이다. 그렇다고 해서 "특별한 경우를 제외하고, 거짓말해서는 안 된다."라고 준칙을 바꿀 수는 없다는 것이 칸트의 생각이다. 예외가 있을 것을 미리 염려해서 예외를 인정하는 준칙을 세우고 그것을 보편화해서는 안 된다는 것이다.

사실 예외라는 것 자체는 보편적인 법칙이 세워져 있을 때에만 가능하다. 법칙 속에 이미 예외가 규정되어 있으면 그것은 더 이상 예외가 아니다. "다리 아픈 사람은 빼고 모두 운동장을 두 바퀴 뛰어라."라는 명령이 있다. 그래서 다리 아픈 사람은 뛰지 않았다. 그 사람이 예외인가? 이미 명령 속에 정해져 있기 때문에 예외가 아니다. 예외는 예상하지 못한 상황의 복잡성에서 생겨나는 불가피한 경우다. "모두 운동장을 두 바퀴 뛰어라."라고 명령했는데, 예상치 못한 다리 아픈 환자가 등장했다. 그는 예외가 될 수 있다. 칸트가 그런 예외를 결코 허용할 수 없다고 한 것은 아닐 것이다. 또한 그런 예외를 인정한다고 해서 원칙의 보편성이 훼손되는 것도 아니다.

칸트가 소중하게 생각한 것은 도덕성이지 보편성 자체가 아니다. 칸트가 든 예를 보자. 그는 어떤 경우에도 자살은 옳지 않다는 결론을 내린다. 물론 정언 명법의 원칙에 따라 내린 결론이다. 어떤 경우에도 스스로 자신의 목숨을 끊는 것은 옳지 않다는 것이다. 그럼에도 그는 도덕성을 위한 희생은 인정한다. 이를테면 정의를 위해 자신의 목숨을 기꺼이 바치는 것은 올바르다는 것이다. 자살은 어떤 경우에도 옳지 않다는 준칙은 어떻게 되는가? 도덕을 지키기 위해 죽는 것은 예외가 될 수 있는 것이다. 즉 그러한 죽음은 자살이 아니다. 스스로 목숨을 끊는다는 점에서는 자살이지만, 칸트의 말대로 하자면 도덕성을 위한 희생은 범죄로서의 자살이 아니다.

정언 명법이 우리에게 요구하는 것은 준칙의 엄격한 보편성이다. 그러나 그 준칙에 따라 행동한다는 것은 준칙을 기계적으로 적용하는 것과는 다르다. 서로 다른 준칙들이 충돌하는 경우를 생각해 보면 기계적인 적용 자체가 아예 불가능하다. 중요한 것은 어떤 경우에도 도덕성에 어긋나지 않는, 이성의 명령에 따르겠다는 우리의 마음가짐이다. 죽어 가는 사람을 살리기 위해 불가피한 상황에서 빵을 훔쳤다면 그것은 범죄로서의 도둑질이 아니다. 폐쇄 회로에 잡힌 행동만으로 보면 당연히 도둑질이라고 할 수 있겠지만, 인간의 행위가 그렇게 기계적으로만 해석될 수는 없을 것이다.

거짓말은 무조건 안 된다는 행위의 준칙의 경우도 마찬가지다. 일본 헌병에게 아무도 없다는 거짓말을 했다고 해서 그 준칙의 엄격함이 훼손된다고 볼 수는 없다. 어찌 보면 그것은 거짓말이 아니라 무고한 생명을 살리는 행위인 것이다. 예외가 허용될 수 없다는 것은 어떤 경우에도 도덕성이 무시될 수는 없다는 것이지, 기계처럼 무차별적으로 행동하라는 것은 아닐 것이다. 그리고 이렇게 해석하는 것이 칸트의 생각에 더 가깝다고 볼 수 있을 것이다. 결과가 아닌 동기가 도덕성의 근원이라고 여기는 칸트는 겉으로 드러난 행위 자체가 아닌, 그 행위의 동기를 더욱 중요시했을 것이기 때문이다.

6

우리는 진정
자유로운 존재인가?

- 자유가 있음을 어떻게 확신할 수 있을까?
- 자유의 진정한 의미는?
- 현대 사회를 일군 근대의 정신은?
- 이성적 존재로서 인간의 운명은?
- 개인주의란 과연 무엇인가?

자유가 있음을 어떻게 확신할 수 있을까?

칸트만큼 도덕성의 가치를 중요하게 여긴 사람도 드물 것이다. 도덕성은 어떤 경우에도 훼손될 수 없는 가장 중요한 독립적인 가치라는 칸트의 엄격한 도덕주의에 답답함을 느낄 수도 있을 것이다. 형식적인 도덕법칙에 매여 사는 삶은 얼마나 답답하고 고루할까. 자기 마음대로 할 수 있는 일이 도대체 얼마나 될까? 좀 더 자유롭게 살 수 없을까? 칸트는 다시 말한다. 도덕 법칙에 따라, 의무에서 나온 행위를 하는 도덕적 삶을 사는 것이 자유로운 삶이라고.

우리는 하늘을 나는 새를 보고 "얼마나 자유로운가!"라고 말할 때가 있다. 그러나 칸트가 보기에 새는 결코 자유롭지 않다. 자유는 오직 이성을 가진 인간에게만 있다. 동물은 본능적 충동에 의해 움직일 뿐이다. 일찍이 아리스토텔레스도 이성적 존재인 인간에게만 자유가 있음을 주장하였다. 인간만이 본능적 욕구에 굴하지 않고 달리 행동할 수 있기 때문이다. 그래서 인간만이 본능에 따르느냐 이성을 따르느냐 하는 선택을 할 수 있으며, 자신의 선택에 따른 행동에 책임을 져야 하는 것이다. 동물의 행동에 대해 우리가 도덕적 비난을 할 수 없는 이유는 그들에게는 선택의 자유가 없기 때문이다. 반면에 인간의 행동이 비난받을 수 있는 이유는, 그렇게 행동하지 않을 수 있는 선택의 여지가 인간에게 있기 때문이다.

만일 인간에게 자유가 없다면 인간에게 도덕적 명령을 내린다는 것 자체가 우스운 일이다. 물이 아래로 흐르듯이, 동물이 먹이를 찾듯이, 인간 역시 자연의 법칙에 따라 행동할 뿐이다. 이래야 한다, 저래야 한다는 등의 당위의 세계는 없게 된다. 그러므로 인간에게 자유가 있음을 인정해야만 도덕적 당위가 성립될 수 있는 것이다.

그런데 인간에게 자유가 있을까? 인간에게 자유가 있는지 없는지 어떻게 알까? 과학적 관찰과 실험을 통해 알 수 있을까? 하지만 자유는 과학적 인식을 통해 알 수 있는 대상이 아니다. 감각 경험을 통해 파악할 수 있는 것이 아니다. 그렇다면 칸트는 어떻게 지금까지 우리가 살펴본 도덕법칙을 말할 수 있을까? 자유를 전제하지 않고 도덕법칙을 말하는 것은 무의미한 일인데, 칸트는 어떻게 자유가 있음을 확신할 수 있었는가?

이에 대한 칸트의 답을 한마디로 요약하면, "너는 해야 한다, 그러므로 너는 할 수 있다."이다. 이 문장만으로는 이해하기 어려울 것이다. 가망이 없는 환자에게 "너는 살아야 한다, 그러므로 너는 살 수 있다."라고 말하는 식으로 이해할 수 없듯이 말이다.

과연 무슨 뜻일까? 먼저 "너는 해야 한다."라는 말은 당위의 세계가 존재한다는 것을 의미한다. 즉 도덕법칙이 있음을 말하는 것이다. 앞에서 보았듯이 도덕법칙은 당위의 명령이기 때문이다. 칸트는 우리 인간에게 도덕성이 있음을, 그의 묘비명에 새겨진 대로 "내 가슴속의 도덕법칙"이 존재함을 결코 의심하지 않았다.

도덕법칙이 존재한다는 것은 어떤 의미를 함축하고 있을까? 도덕법칙은 오직 자유를 가진 존재에게만 성립된다. 구르는 돌에게, 하늘을 나는 새에게 이래야 한다, 저래야 한다 라고 도덕적 명령을 내릴 수는 없다. 오직 우리 인간에게만 도덕이라는 것이 존재한다. 인간에게만 자유가 있기 때문이다. "너는 해야 한다, 그러므로 너는 할 수 있다."에서 "너는 할 수 있다."라는 말은 너에게 자유가 있음이 전제되어 있다는 의미이다. "너는 할 수 있다."라는 말을 "너는 할 수도 있고 안 할 수도 있다."라는 말로 바꾸면 좀 더 쉽게 이해할 수 있을 것이다. "너는 할 수 있다."라는 것은 그렇게 할 수 있는 가능성과 하지 않을 수 있는 가능성이 있음을 의미한다. 즉 선택의 자유가 있다는 것을 의미한다. "너는 해야 한다."가 당위의 세계가 존재함을 의미한다면, "너는 할 수 있다."는 가능성 내지 선택을 의미한다. 그리고 후자(선택)가 있어야만 전자(당위)를 말할 수 있다. 다시 말해서, "너는 해야 한다."라고 말할 수 있는 것은 "너는 그렇게 할 수 있다."라는 가능성을 이미 전제했기 때문인 것이다.

  자유는 과학적 인식의 대상이 아니다. 그러므로 자유가 있음을 객관적으로 보여 줄 수는 없다. 칸트는 도덕법칙이 존재한다는 사실로부터 인간이 자유롭다는 것을 간접적으로 확인한 것이다. 우리가 본능대로 행동할까 도덕적 명령에 따를까 고민한다는 사실 자체가 이미 우리는 이럴 수도 있고 저럴 수도 있음에 기인한다. "너는 해야 한다."라는 당위의 명령은 이미 "너는 할 수 있다."라는 의지의 자유를 함축하고 있다. 인간에게는 본능에 굴복하지 않고 도덕적 명령대로 행동할 수 있는 자유가 있다. 당위는 자유를 함의한다.

결국 칸트는 도덕법칙의 존재를 통하여 자유를 인식할 수 있다고 말하는 것이다. 그래서 "도덕법칙은 자유의 인식근거"라고 말한다. 자유가 없다면 도덕법칙 또한 없을 것이기 때문이다. 그러므로 "자유는 도덕법칙의 존재근거"이다.

자유의 진정한 의미는?

도덕법칙은 무조건적인 명령, 즉 정언 명법이다. 그런데 누가 누구에게 내리는 명령인가? 도덕법칙은 자기 스스로 자신에게 내리는 명령이다. 인간은 자기 스스로 도덕법칙을 세우는 입법자, 즉 자율적 존재이다. 그러므로 진정한 의미의 자유는 자율이다. 외부로부터의 권위에 복종하는 것이 아니라 자기 스스로 행위의 법칙을 세우는 것만큼 대단한 자유가 어디 있을까? 이때 자기 스스로 행위의 법칙을 세운다는 것은 물론 자기 마음대로 아무렇게나 세우는 것이 아니다. 정언 명법에 따라, 즉 실천이성의 근본 법칙에 따라 보편화될 수 있는 법칙을 세우는 것이다.

우리는 남으로부터 어떤 행위를 강요받을 때 자유롭지 못하다고 하며, 외적인 원인으로부터 영향받지 않고 독립적으로 행동할 수 있을 때 자유롭다고 말한다. 이러한 자유는 '타자로부터의 자유'라고 할 수 있다. 이것은 소극적 의미의 자유이다. 그러나 이런 소극적인 의미의 자유에서 벗어나 스스로 자신의 원리에 따라 법칙을 세우고 그것에 따르는 적극적인 의미의 자유가 바로 **자율**이다.

우리는 앞에서 칸트와 같은 엄격한 도덕주의자의 삶은 얼마나 답답할까, 좀 더 자유롭게 살 수 없을까 라고 물었다. 그러나 칸트의 답은 반대다. 우리가 도덕적으로 살 수 있다는 것이 바로 자유롭다는 증거이다. 동물과 같은 본능적 삶에는 아무런 자유가 없다. 오직 그렇게 살 수밖에 없는 필연적 삶이다. 인간만이 그것을 거부하고 이성에 따라 자신의 법칙을 세울 수 있다. 이것이 진정한 의미의 자유이다. 자기 스스로 규범을 만드는 자율적인 존재. 그것이 바로 이성을 가진 자유로운 존재, 인간인 것이다.

현대 사회를 일군 근대의 정신은?

모든 위대한 철학은 시대와 장소를 뛰어넘는 보편적 진리를 담고 있다. 플라톤, 아리스토텔레스, 칸트와 같은 옛날 철학자들을 지금 우리가 이해할 수 있고, 그것이 가르침이 될 수 있는 이유가 바로 그것이다. 오늘날 우리의 정신세계와 공유하는 바가 없다면 우리가 어떻게 그들을 이해할 수 있을 것이며, 또한 이해한들 무슨 소용이 있겠는가? 바로 보편성 때문에 위대한 고전들은 시대를 뛰어넘어 항상 새롭게 읽혀지는 것이다.

위대한 사상은 그 시대의 정신을 가장 명확하게 드러내기도 한다. 플라톤과 아리스토텔레스의 사상은 당시 그리스인들의 정신을 가장 명료하게 체계적으로 표현한 것이라고 할 수 있다. 그래서 그들의 사상은 고대 그리스의 '폴리스*'라는 정치 공동체적 삶에 대한 이해가 없이는 온전히 이해될 수 없는 것이다. 위대한 사상은 시대의 거울이며 동시에 보편적인 인류의 유산이라고 할 수 있다. 이러한 시대성과 보편성이 공

---

* **폴리스**(Polis) 고대 그리스의 도시 국가로 자연 지리적 구분과 종족 및 종교적 구분에 따라 나누어진 소국가를 말한다. 폴리스는 수백 개가 있었는데 그 가운데 아테네와 스파르타를 제외한 대부분의 역사와 정치 체계에 관해서는 잘 알려져 있지 않다. 폴리스는 보통 성벽으로 둘러싼 한 도시를 근거지로 삼고 주변 농촌 지역까지 포함했다. 도시에는 높은 지대에 세워진 성채(아크로폴리스)와 광장(아고라)이 있었다. 외국인과 노예를 제외한 시민 전체의 정치 참여를 실현했으며, 특히 아테네는 지성과 학문의 중심지로 번창했다. 기원전 4세기에 쇠퇴했으며 이어지는 헬레니즘 시대의 지적 문화적 기반의 바탕이 되었다.

존할 수 있을까?

　가장 한국적인 것이 가장 세계적이라는 말을 들어 보았는가. 세계라는 곳이 어디 따로 있는 것이 아니라 우리들 각자가 살고 있는 이곳이 세계의 일부이며, 우리의 가장 고유한 문화가 바로 세계 문화를 구성한다는 의미일 것이다. 어떤 국적도 갖지 않은 세계라는 것은 없다. 위대한 사상이 탄생하는 것도 마찬가지라고 할 수 있다. 항상 그 시대가 지닌 정신의 핵심과 한계를 냉철하게 인식하는 사람이 바로 위대한 사상가들이며 그들에 의해 위대한 사상이 탄생한다.

　아리스토텔레스가 고대 그리스의 정신을 잘 보여 준다면, 칸트만큼 근대의 정신을 잘 나타내고 있는 철학자도 많지 않다. 이제 칸트를 통해 서양 근대의 정신을 들여다보자. 서양의 근대는 이미 지나간 과거가 아니다. 오늘날 우리가 누리고 있는 정치, 경제, 과학 등 대부분의 분야에서 가장 큰 변화를 만들어 낸 것이 바로 서양 근대의 정신이라는 것은 부정하기 어렵다. 그런 의미에서 근대를 이해하는 것은 오늘날 우리 자신을 이해하는 데도 매우 중요한 부분이라고 할 수 있다.

　물론 칸트가 근대 전체를 보여 주는 것은 아니다. 다만 근대의 중요한 정신 한 가지를 칸트를 통해 볼 수 있다는 것이다. 그것은 바로 이성에 따라 스스로 규범을 만들고 스스로에게 명령하는 자율적 존재라는 근대적인 주체의 개념이다.

이성적 존재로서 인간의 운명은?

칸트도 인정했듯이 우리는 이성적 존재이면서 동시에 육체를 가진 감성적 존재이다. 그래서 언제나 이성의 명령과 감성적 욕구 사이에서 갈등한다. 우리는 이 갈등을 어떻게 해결해야 하는가?

첫째, 욕구에 충실하자. 이성은 욕구를 해결하는 데 도움을 주는 영리한 조언자이다. 인간도 다른 동물과 마찬가지로 욕구를 충족하기 위해 사는 것이다. 차이가 있다면 인간만이 이성을 가지고 보다 합리적으로 욕구를 충족시킨다는 점이다. 인간이 성취한 과학 문명이 바로 그것을 잘 보여 준다. 인간은 과학을 통해 얼마나 많은 욕구를 충족시키고 있는가. 이성은 인간이 자신의 욕구를 충족시키는 데 필요한 가장 훌륭한 수단이다. 우리는 이러한 이성을 도구적 이성이라고도 부른다. 이성은 도구일 뿐이다.

둘째, 이성의 명령에 따르라. 이것이 칸트의 주장이라는 것을 우리는 앞에서 살펴보았다. 우리는 이성과 감성을 동시에 지닌 이중적 존재이지만 그중에서 진정한 '나'는 이성이다. 이성에 따르는 것이 가장 인간답게 사는 길이다. 그리고 이성은 옳고 그름을 판단해 주는 유일한 능력이다. 정언 명법에 따라 보편적인 준칙에 의해 행동하는 것이 바로 이성의 명령에 따르는 것이다. 도덕적 명령은 이성적 존재인 인간이 자기 자신에게 내리는 명령이다. 인간은 자신 이외의 어떤 누구에게도 복종하지 않는다. 이것이 이성적 존재로서의 인간의 운명이다. 이렇게 스스로에게 명령하는 자율적 존재가 인간이며, 그렇게 사는 것이 자유롭게 사는 것이다.

어떤 권위에도 의존하지 않고 오직 이성에 의한 권위만을 따르는 인간. 이것이 바로 근대가 성취한 위대한 인간의 모습이다. 만일 신이 사악하다면 우리는 어떻게 할까? 만일 신이 거짓되고 불의롭고 이기적인 인간들을 사랑하시고, 참되고 정의롭고 자비로운 인간들을 미워하신다면 우리는 어떻게 할까? 신이 그러시다면 따르는 수밖에 없다고 생각한다면 우리는 자신의 이성보다 종교적 권위를 따르는 것이다. 그럴 수 없다. '신이 위대하고 훌륭하다면 절대로 그럴 리가 없다. 만일 신이 그렇게 정의롭지 못하다면 나는 결코 그런 신을 믿지 않을 것이며, 신으로 인정할 수도 없다.'고 생각한다면 이것이 바로 이성의 권위에 따르는 것이다.

예수는 "너의 이웃을 사랑하라."라고 명령한다. 예수의 명령이기 때문에 따르는 것이 아니라, 그것이 이성의 명령으로 인정될 수 있는 도덕적 명령이기 때문에 따르는 인간이 바로 근대의 자율적 존재, 근대적 인간인 것이다. 외적인 권위에 의존한다는 것은 이성적 존재로서의 인간이 자신을 포기하는 것과 같다. 그것은 타율적 삶이다. 이성이 스스로의 법칙에 따라 사는 것이 자율적이고 자유로운 삶이다. 예수의 명령이 권위를 가질 수 있는 것은 우리의 이성이 그를 권위로 인정하기 때문이다. 진정한 권위는 예수가 아니라 우리의 이성이다.

개인주의란 과연 무엇인가?

우리에게 도덕적 명령을 내릴 수 있는 것은 우리 자신뿐이다. 나의 주인은 나다. 그런 의미에서 근대적 주체는 철저히 개인주의적이다.

나는 누구인가? 나는 한 집안의 아들 또는 딸이다. 나는 어떤 학교의 학생이다. 나는 한 국가의 국민이다. 그러나 나를 규정하는 이런 모든 것들은 이차적이다. 일차적이고 근본적인 것은 내가 이성적 존재로서의 한 개인이라는 점이다. 나는 한 공동체의 일원이기에 앞서 한 개인인 것이다. 나의 주인은 나 자신이며, 나는 스스로의 명령에 따라 행동한다. 한마디로 "나는 나다."

자신의 주체성(또는 정체성)에 관한 이러한 개인주의적 관념은 오늘날 우리들에게 매우 익숙하다. 그러나 이러한 개인주의가 분명한 모습을 갖추기 시작한 때는 서양의 근대 사회부터라고 할 수 있다. 오직 이성의 명령에 따라 행동하는 칸트의 자율적인 인간이야말로 가장 전형적인 근대적 개인이라고 할 수 있다. 이러한 점은 칸트가 말하는 '의무' 개념에서도 잘 드러난다.

칸트는 무조건적인 선은 선의지이며, 선의지를 갖는다는 것은 의무에서 나온 행위를 할 수 있다는 것이라고 한다. 그리고 이것이 바로 도덕성의 기준이다. 그런데 이때의 '의무'는 어떤 의무인가? 학생으로서의 의무? 선생으로서의 의무? 가족 구성원의 의무? 국민의 의무? 칸트는 이런 의무를 이야기하지 않는다. 칸트는 그냥 '의무'를 말할 뿐이다. 그 의무는 다름 아닌 정언 명법에 따르는 의무이다. 정언 명법에 따르는 의무는 어떤 구체적인 내용을 갖는 의무가 아니다. 이성적 존재인 인간이 이성의 법칙에 따라야 한다는 의무일 뿐이다.

모든 의무는 타인과의 관계에서 발생한다. 그래서 항상 어떤 공동체를 전제하기 마련이다. 군인으로서의 나의 의무는 군인이라는 역할을 필요로 하고 인정하는 공동체에 의해 규정된다. 그래서 만일 "내가 왜 그 의무를 수행해야 합니까?"라고 묻는다면, 공동체 내에서 군인의 역할이 무엇인가를 설명해 주면 된다. 만일 공동체를 부정한다면 그 설명은 설득력이 없어진다. 학생이 교칙을 지킬 의무는 학교라는 공동체에 의해 주어진다. "나 학교 안 다녀!"라고 선언하고 실천에 옮기는 학생에게는 교칙을 지킬 의무가 사라져 버린다. 마찬가지로 국민으로서의 의무는 국가라는 공동체가 없다면 무의미하다.

칸트가 보기에 그런 의무들은 도덕적 의무가 아니다. "훌륭한 군인이 되기 위해서는", "바람직한 학생이 되기 위해서는", "좋은 국가를 건설하기 위해서는" 등의 이유 때문에 실천해야 하는 의무는 도덕적 의무가 될 수 없다. 그것들은 모두 가언명법이다. 특정한 목적을 위한 수단적 의무는 도덕적 의무가 아니다. 도덕적 의무란 정언 명법에 따라야 할 의무이다. 그래서 도덕적 의무를 지켜야 하는 도덕 외적인 이유는 없다.

본래 의무라는 것은 특정한 역할이나 지위에 걸맞은 임무를 수행하는 것이다. 전통적인 사회에서는 그러한 여러 의무들이 오랜 전통에 의해 규정된다. 고대 그리스의 폴리스에서는 시민(자유인)의 의무가 있었으며, 우리나라 조선시대에는 선비가 지켜야할 의무가 있었다. 종교를 중심으로 하는 공동체에는 신앙인이 지켜야 할 의무들이 있다. 개인주의 시대는 그러한 전통적인 공동체와 그 의무들이 붕괴되는 시대이면서 동시에 개인을 중심으로 하는 새로운 도덕을 요청하는 시대이기도 하다. 그러한 시대적 요청에 잘 맞는 의무의 개념이 바로 칸트의 정언 명법적 의무라고 할 수 있다.

정언 명법에서 규정하는 의무는 전통적 사회의 의무들과는 차원이 다르다. 그것은 특정 역할이나 지위로부터 나오는 의무가 아니다. 모든 경험적, 우연적, 역사적, 사회적 환경으로부터 주어지는 구체적인 의무가 아닌, 이성적 존재가 스스로에게 명령하는 법칙이다. 이제 주권은 개인 스스로가 갖는 것이다. 개인이 도덕적 주권을 갖는 시대, 이것이 바로 개인주의 시대이다.

그렇다면 당신은 개인주의자인가 아닌가? 우리는 흔히 어떤 사람들을 개인주의자라고 하는가? 대체로 우리는 자기중심적이고 타인이나 공동체에 무관심한 사람들을 개인주의자라고 부르는 편이다. 자신 이외의 어떤 권위에도 의존하지 않고 스스로 자신에게 명령을 내리는 개인들은 다분히 자기중심적인 경향을 갖는 것이 사실이다. 또한 개인주의가 발달하면서 전통적인 공동체와 그 도덕규범들이 파괴되고, 공동체에 무관심해지는 측면도 분명히 있다.

그러나 우리가 칸트를 통해 살펴본 개인주의는 이러한 자기중심주의와는 전혀 다르다는 것을 알 수 있다. 개인이 이성적 존재로서 도덕적 주권을 갖는다는 것은 자기 마음대로 도덕적 규범을 정한다는 것이 결코 아니며, 또한 타인이나 공동체에 무관심하다는 것을 뜻하지도 않는다. 자신의 욕구와 무관하게 오직 이성의 명령에 따른다는 점에서 칸트의 개인은 결코 이기적인 자기중심주의가 아니며, 자의적으로 규범을 정하지 않는다. 이성에 따른다는 것은 글자 그대로 합리적이라는 의미이다. 또한 정언 명법에 드러나 있듯이 도덕적 명령은 모든 인간에게 똑같이 적용될 수 있는 보편성을 가져야 한다. 다시 말해서 모든 인간이 하나의 공동체가 되는 것이다. 자신이 속한 특정한 집단이 아닌 인류 전체라는 공동체를 고려하는 것이 칸트가 말하는 개인이며, 진정한 의미의 근대적 주체이다.

도덕적 명령의 근거가 나의 외부에서 온 것이라면 궁극적인 도덕적 책임은 외부에 있다. 상관이 시켜서 그 명령에 따른 병사의 행동은 누가 책임져야 하는가? 당연히 상관에게 있을 것이다. 그러나 오직 자신의 명령에 따른다면 그 책임은 스스로 져야 할 것이다. 진정한 개인은 도덕적 주권을 자신이 갖고 있다. 따라서 모든 도덕적 책임은 스스로 져야 한다.

7

행복은 어떤 의미일까?

- 삶의 궁극적인 목적은 무엇인가?
- 행복이란 무엇인가?
- 에우다이모니아는 행복인가?
- 행복은 주관적인가, 객관적인가?

삶의 궁극적인 목적은 무엇인가?

"너는 왜 공부하니?"라고 물으면 우리는 나름대로 여러 가지 대답을 할 것이다. "공부가 재미있으니까요.", "좋은 직업을 얻기 위해서요.", "좋은 배우자를 얻기 위해서요.", "안 하면 엄마에게 혼나요." 왜 공부하냐는 물음은 공부의 목적을 물은 것이고, 그 대답들은 모두 각자가 생각하는 공부의 목적이다. 우리는 그 목적의 목적을 다시 물을 수 있다. "너는 왜 재미있는 것을 추구하니?", "왜 좋은 직업을 얻으려고 하는 거니?" 그러면 다시 대답을 할 것이고, 그러면 다시 또 물을 수 있을 것이다. 이런 물음과 대답은 무한히 계속될까? "그냥 좋으니까요.", "그러면 행복하니까요."라는 대답까지 나오면 더 이상 묻기가 곤란할 것이다. 아마 "왜 좋은 것을 원하니?",

"왜 행복하려고 하니?"라고 묻는 사람은 없을 것이다. 그래도 묻는다면 그 물음은 진정성이 의심되는 물음이다. 이럴 때는 되묻는 수밖에 없을 것 같다. "그런 물음이 가능하냐?"라고.

　인간의 의식적인 행위는 대부분 어떤 목적을 지향한다. 그래서 왜 그런 행위를 하느냐는 질문에 대한 대답은 그 행위의 목적을 제시하는 것이다. 즉 어떤 행위는 특정한 목적을 이루기 위한 수단인 셈이다. 의료 행위는 건강을, 전투는 승리를, 경제활동은 부를 목적으로 한다. 이런 다양한 목적들 중에는 또 다른 상위의 목적을 위한 것들도 있고, 그 자체가 목적적인 것들도 있다. 그 자체가 목적인 것들, 간단히 말해 자체 목적인 것들에 대해서는 더 이상의 목적을 물을 수가 없다. 이러한 목적을 궁극목적이라고 부를 수 있다. 그러면 우리들의 모든 행위들이 지향하는 궁극목적은 무엇일까? 아리스토텔레스는 행복이라고 대답한다.

　이 대답은 아리스토텔레스가 "내 삶의 궁극목적은 행복이다."라는 자신만의 생각이나 가치관 또는 인생관을 피력한 것이 아니다. 사람들이 행복의 내용에 대해서는 각각 다르게 생각할 수 있지만, 모든 사람들의 궁극목적은 결국 행복이라는 사실을 말한 것일 뿐이다. 행복이 궁극목적이라고 말할 수 있는 가장 중요한 근거는 무엇일까? 앞에서 보았듯이 '행복'이라는 답에 대해 "왜 행복하려고 하느냐?"라고 행복의 목적을 또 물을 수는 없다는 사실이다.

　우리가 지향하는 목적이란 어떤 것일까? 우리가 목적으로 삼는 것은 모두 좋은 것이라고 생각되는 것들이다. 우리는 좋은 것, 즉 선(善)을 목적으로 행동한다. 좋은 것들 중에는 다른 것을 위한 수단으로서 좋은 것이 있고, 다른 것의 수단이 아닌 그 자체로 좋은 것도 있다. 행복은 어디에 속할까? 당연히 그 자체로 좋은 것이다. 행복은 다른 모든 행위가 목적으로 삼고 있는 궁극목적으로서 가장 좋은 것이라고 할 수 있다. 그래서 아리스토텔레스는 행복이 최고선이라고 말한다. 행복은 삶의 궁극목적이며 최고선이다.

　하지만 행복이 모든 사람에게 삶의 궁극목적은 아닌 것처럼 보일 때가 있다. 어떤 사람들은 스스로 행복을 포기하고, 심지어는 삶을 포기하는 경우도 있다. 그들은 더 이상 행복을 목적으로 삼지 않는 것 같다. 그들은 "나는 더 이상 행복을 원하지 않습니다."라고 말하기도 한다. 사랑하는 사람을 잃었거나, 불치병으로 고통을 받을 때 사람들은 절망하고 삶을 포기하려고도 한다. 그러나 이들이 진정 행복을 원하지 않는 것일까? 그들은 일부러 불행을 선택하는 것일까?

　만약 그들에게 불행을 제거해 줄 수 있는 방법이 나타난다면 그들은 아마 희망을 버리지 않을 것이다. 잃은 줄 알았던 사랑이 돌아오거나, 불치병을 회복시킬 수 있는 치료법이 개발되었는데도 여전히 행복을 포기하지는 않을 것이다. 이것은 무엇을 의미하는가? 그들은 항상 행복을 원하고 있었다. 다만 행복을 실현할 길이 없음에 절망했을 뿐이다.

행복이란 무엇인가?

행복의 구체적인 내용들은 시대에 따라, 문화에 따라, 그리고 사람마다 다를 수 있다. 그렇게 다름에도 불구하고 모두 행복이라고 부를 수 있는 것은 어떤 공통점이 있기 때문일 것이다. 21세기에 한국에서 사는 우리들, 또는 내가 생각하는 행복이란 어떤 것일까? 쉬운 듯 보이지만 대답하기 매우 어려운 질문이다. 왜냐하면 우리들 자신 또는 자기 자신을 가장 잘 아는 것은 남이 아니라 자신일 것 같지만, 자신을 탐구하기 위해서는 깊이있고 객관적인 반성적 능력을 갖추어야 하기 때문이다. 그러한 능력을 갖추기 위한 공부 중의 하나가 바로 나와 다른 생각을 가진 사람들의 생각을 검토해 보는 일이다. 우리는 다른 것과의 비교를 통해서 자신을 이해하는 경우가 많기 때문이다. 괴테가 말했듯이 모국어만을 아는 것은 모국어도 제대로 모르는 셈이다.

그런 의미에서 잠시 시간 여행을 떠나 보자. 2000년이 넘는 까마득한 과거에 고대 그리스의 사상가 아리스토텔레스는 무엇을 행복이라고 말하는지 살펴보자. 이는 아리스토텔레스만의 생각이 아니라 고대 그리스인들이 생각하는 행복의 개념이다. 과연 우리들의 생각과 얼마나 같고 얼마나 다를까?

앞에서 언급했듯이 행복은 모든 행위의 궁극목적이면서 최고선이다. 그리고 행복은 '잘 사는 것' 또는 '잘 행동하는 것'이다. 여기까지는 오늘날 우리들의 생각과 그다지 큰 차이를 보이는 것 같지 않다. 그런데 좀 더 유심히 살펴볼 부분이 있다. 행복은 '잘 행동하는 것'이라는 점이다. 행복은 단지 심리적인 만족 상태가 아니라, 행동을 잘하는 것이다. 행복이 행동(행위, 실천)라는 것을 아리스토텔레스는 올림픽 경기에 빗대어 설명한다. 올림픽 경기에서 상을 받는 자는 누구인가? 관중은 절대 아니다. 관중들 중에서 아무리 뛰어난 능력이 있는 자라 하여도 경기에 참여하지 않으면 상을 받을 수 없다. 상을 받는 자는 오직 경기에 참가하여 능력을 발휘하는 선수들 중에 있다. 행복 역시 좋은 상태나 능력이 아니라 그것을 발휘하는 활동에 붙여지는 이름이라는 것이다.

우리는 보통 만족스러운 마음의 상태를 행복이라고 생각하는 경향이 있다. 즉 행복은 주관적인 심리적 상태라고 생각한다. 그리스인들에게도 만족스러운 마음이 없는 행복이라는 것은 생각할 수 없는 것이었다. 그렇지 않다면 행복을 추구할 이유가 없을 것이기 때문이다. 그러나 행복은 단지 심리적인 것만은 아니라는 점이 중요하다. 능력을 적극적으로 발휘하는 활동 없이 행복은 있을 수 없다. 그리스인들에게 행복이란 객관적으로 드러나는 활동이다. 심리적 만족이란 그것에 수반할 뿐이다. 이러한 우리와의 차이는 조금 뒤에 다시 검토해 볼 것이다.

아리스토텔레스가 분석한 당시의 행복 개념이 갖는 요소들을 좀 더 살펴보자. 행복은 일시적인 기간 동안의 활동이 아니다. 한 마리의 제비로 봄을 말할 수 없듯이, 한 사람이 행복한가 아닌가는 그의 일생 전체의 활동을 통해 평가되어야 한다. 오늘날 우리는 어떤가? 우리가 순간순간의 행복에 대해 말하는 것이("나 지금 행복해."처럼) 조금도 이상하지 않다는 것을 보면 우리는 아리스토텔레스와 큰 차이가 있는 것 같다. 그러나 우리 역시 한 사람의 삶 전체에 대해 행복과 불행을 말하는 경우가 드물지 않다. "안중근 의사와 이완용 중에서 누가 행복한 삶을 살았는가?"라는 물음이 가능한 것을 보면, 우리 역시 순간의 느낌만을 행복이라고 하지는 않는다.

  행복이 갖는 또 다른 요소는, 결여된 것이 없는 그 자체로 좋은 삶이라는 점이다. 더 이상 보탤 것이 없는 가장 바람직한 것이 행복이다. 이 점에 대해서는 우리와 아리스토텔레스 사이에 별다른 차이가 없을 것 같다. 행복하기 위해서는 여러 가지 요소를 갖추어야 한다. 어느 정도의 부, 외모, 출신, 행운 등의 외적인 조건도 무시할 수 없는 요소라고 아리스토텔레스는 말하고 있다. 오늘날 대부분의 평범한 사람들 못지않게 아리스토텔레스는 매우 세속적인 생각을 인정하고 있다. 너무 세속적인 행복을 말하는 것이 아닌가? 그러나 세속적이라는 평가는 속세와는 다른(실재적이든 정신적이든) 세계를 염두에 두었을 때 가능한 일이다. 고대 그리스인들에게는 종교도 철학도 모두 공동체 내의 현실적인 일이다. 그러므로 세속적이라고 평가하기 보다는 현실적이라고 말하는 것이 좀 더 적합하게 보인다.

에우다이모니아는 행복인가?

  지금까지 우리는 아리스토텔레스를 통해 고대 그리스인들

의 행복관을 잠시 살펴보았다. 그런데 우리가 '행복'이라고 번역하는(영어로도 대부분 happiness라고 번역한다.) 고대 그리스 어는 '에우다이모니아'(eudaimonia)라는 말이다. 모든 번역어가 그렇듯이, 에우다이모니아라는 고대 그리스 어와 오늘날 행복이라는 말이 완전히 똑같은 의미를 가질 수는 없다. 그럼에도 그렇게 번역될 수 있는 것은 두 낱말 사이에 차이보다는 공통점이 더 많기 때문일 것이다.

그러나 20세기에 들어와, 에우다이모니아는 행복과는 매우 다른 개념이기 때문에 행복으로 번역될 수 없다고 지적하는 학자들이 있다. 그들이 말하는 가장 중요한 차이는 에우다이모니아는 객관적으로 판단되는 개념인 반면에, 현대의 행복은 주관적인 심리적 개념이라는 점이다. 앞에서 우리도 이 점을 잠깐 지적하였다.

아리스토텔레스가 말하는 행복 개념은 단지 주관적인 심리적 만족이 아니다. 행복한 사람은 당연히 주관적으로 만족스럽게 생각하겠지만 그렇다고 주관적인 만족만으로 행복을 말할 수는 없다는 말이다. 객관적인 기준을 만족시켜야만 행복하다고 말할 수 있다. 반면에 오늘날 우리는 타인의 평가보다는 나 자신의 기준에 따라 행복을 느끼고 판단한다. 남들이 보기에 불행해 보인다고 하더라도 내가 행복하다고 느낀다면 그것이 바로 행복이라고 생각하는 경향이 강하다.

그러니 객관적인 평가 대상인 에우다이모니아를 주관적인 심리적 상태를 뜻하는 행복이라는 말로 번역할 수 없다는 주장이 나올 만하다. 우리가 앞에서 보았듯이 에우다이모니아는 상태나 능력이 아니라 객관적인 활동이며, 삶 전체를 평가하는 개념이라는 사실을 잘 생각해 보면 객관적으로 드러나는 면을 매우 중요시 한다는 것을 알 수 있다. 이러한 차이점들을 지적하는 학자들은 그래서 행복이라는 번역을 웰빙 또는 성공이나 번창 등 객관적으로 평가될 수 있는 개념으로 바꾸어야 한다고 주장한다. 우리도 그런 식으로 바꾸자면 '참살이'라는 우리말이 어떨까 싶다. 에우다이모니아는 '잘 사는 것'이며 이는 곧 참되게 사는 것이기 때문이다.

그렇다면 우리가 앞에서 행복이라고 옮겨서 설명한 것은 모두 잘못된 것인가? 만일 오늘날 우리들의 행복 개념이 철저히 주관적이고 객관적 평가와는 아무런 상관이 없는 개념이라면 행복이라는 번역은 완전히 빗나간 번역일 것이다. 그러나 이것은 좀 더 생각해 볼 중요한 문제이다.

행복은 주관적인가, 객관적인가?

행복 지수라는 말을 들어보았는가? 언젠가 신문에 사람들이 자신의 삶에 대해 얼마나 행복하다고 생각하는지를 나라별로 조사했다는 기사가 실렸다. 일인당 국민 소득에서 엄청난 차이를 보이는 미국과 방글라데시를 비교하면 놀랍게도 후자의 사람들이 훨씬 더 높은 행복감을 누리면서 살고 있다고 한다. 우리나라는 불행하게도 행복 지수가 너무나 낮다고 한다. 이런 조사는 행복은 주관적인 만족 상태라는 행복 개념을 전제하고 있다.

우리는 행복이 객관적 조건에 의존하는 것이 아니라 자신의 태도 및 마음가짐에 달려 있다고 생각하는 편이다. 타인들이 "얼마나 힘들고 불행하니?"라고 위로하는 상황에서도, "아니야, 지금 나는 그 어느 때보다도 행복해."라고 말할 수 있다는 것은 행복이 얼마나 주관적인가를 잘 보여 준다. 이렇게 행복이 주관적이라면 에우다이모니아는 결코 행복으로 옮기기 어려울 것이다.

그러나 우리의 행복 개념도 철저하게 주관적이지만은 아닌 것 같다. 객관적인 상황과 무관하게 행복해하는 친구에게 "너는 결코 행복한 것이 아니야."라고 말한다고 해서 분석적 오류를 범하는 것은 아니다. 분석적 오류라는 것은 어떤 개념을 잘못 사용할 때 생기는 오류라고 할 수 있다. 행복이 철저하게 주관적이라면, 예를 들어 마약 중독자가 마약에 취해 행복하다고 느낄 때 "그것은 진정한 행복이 아니야."라고 말하는 것은 잘못된 표현이 된다. 행복은 남들이 판단할 수 있는 객관적인 문제가 아니기 때문이다. 그러나 우리는 행복의 객관적 기준이 있음을 전제하고 있기 때문에 '진정한 행복', '참된 행복' 등을 말할 수 있다.

행복이 주관적이라는 사실은 절반의 진실에 불과하다. 행복하면 주관적으로 만족스럽겠지만, 그렇다고 주관적 만족이 모두 행복은 아니다. 달리 말하면 주관적 만족은 행복의 필요조건에 불과하다. 사기꾼과 결혼한 줄도 모르고 행복하다는 친구에게, "너는 지금 불행을 행복으로 착각하고 있는 거야."라고 안타까워할 수 있다는 사실은 행복의 객관성을 잘 보여준다. 그래도 그 친구 입장에서는 행복하다고 해야 할까? 뒤늦게 사기 결혼이라는 사실을 깨달은 친구가 "그래도 그때는 행복했어."라고 말할까, 아니면 "그때의 행복은 거짓이었어. 내 인생에서 가장 불행했던 시절이야."라고 말할까? 좀 더 극단적인 예를 들자면 오이디푸스의 경우이다. 오이디푸스는 객관적 진실을 알기 전의 자신의 삶에 대해, 그때의 심리적인 만족감에 대해 행복했었다고 말할 수 있을까? 어머니와의 사이에서 자식을 낳은 삶에 대해, "그래도 그때는 행복했어."라고 말할 수 있을까? 과거에 아무것도 모르고 좋아했다는 사실 때문에 오히려 더 불행했던 시절이라고 말해야 하지 않을까?

객관적 상황이 어떻든 심리적으로 만족했으면 행복하다고 생각하는 사람이라면, 즉 행복은 철저하게 주관적이라고 생각하는 사람이라면 "그래도 그때는 행복했어."라고 말할 수 있을지 모르겠다. 그렇다면 아마 환각 상태나 정신병자의 만족도 행복한 것이라고 말해야 할 것이다. 하지만 우리가 "그것은 행복이 아니야."라고 말할 수 있다는 것은 행복의 객관적 기준이 있음을 전제한 것이다. 그런 점에서 오늘날 우리들이 생각하는 행복도 완전히 주관적인 것만은 아니다. 그러므로 아리스토텔레스가 말하는 에우다이모니아는 객관적이고 오늘날 우리의 행복은 주관적이라고 단정적으로 말하기는 어렵다.

물론 에우다이모니아와 오늘날의 행복과는 중요한 차이점이 있다. 에우다이모니아는 객관적인 조건을 그 기준으로 삼고 있는 반면에, 행복은 객관적인 조건을 전혀 무시하는 것은 아니지만 최종적인 판단의 기준이 엄연히 주관적인 자신의 판단이라는 점에서 다르다. 모든 객관적 조건을 만족시켰다고 해도 자신이 불행하다고 생각한다면 그는 분명 불행한 것임이 틀림없기 때문이다. 행복의 최고 심판자는 자기 자신이다.

그러나 행복에 대한 객관주의와 주관주의의 차이는 판단 기준의 차이이지 의미의 차이가 아니다. 그러한 기준의 차이는 동시대의 동일한 문화 내에서도 얼마든지 있는 일이다. 아리스토텔레스 역시 행복의 내용에 대한 불일치를 말하면서, 쾌락적 삶을 행복이라고 주장하는 주관주의자의 견해를 소개한다. 쾌락주의자와 아리스토텔레스는 행복의 기준을 달리 갖고 있는 것이다. 하지만 기준이 다르니 저들은 행복이라는 말을 쓸 수 없다는 식으로 아리스토텔레스가 주장하는 것은 아니다.

기준의 차이가 곧 의미의 차이는 아니다. 예를 들어 건강을 평가하는 기준이 달라진다고 해서 그것이 곧 건강의 기본적 의미의 변화를 뜻하는 것은 아니다. 실제로 한의학과 서양의학은 건강을 평가하는 서로 다른 기준을 가지고 있지만, 그렇다고 해서 둘 중의 하나는 건강이 아닌 다른 것을 평가하고 있다고 말할 필요는 없다. 기준의 변화에 따라 건강이라는 용어를 바꾸어야 하는 것은 아니기 때문이다.

에우다이모니아와 행복의 경우도 마찬가지다. 오늘날 행복을 판단하는 기준이 아무리 주관적인 것으로 변화되었다고 해도 에우다이모니아를 행복이라고 번역하지 못할 만큼의 이유는 되지 않는다. 그리고 그러한 기준의 변화는 우리에게 중요한 것을 가르쳐 준다.

아리스토텔레스가 분석한 고대 그리스인들의 행복과 오늘날 우리들의 행복이 아무런 차이가 없는 개념이라면, 사실 우리가 아리스토텔레스의 행복론을 검토하여 얻을 수 있는 수확은 매우 줄어든다. 우리에게 중요한 것은 그 '차이'이기 때문이다. 그 차이를 분명히 알아야만 우리는 아리스토텔레스의 생각을 제대로 이해할 수 있게 된다. 그러나 그보다 더 중요한 것은 아리스토텔레스를 이해하는 것이 아니라 우리 자신을 이해하는 일이다. 그 차이를 분명히 안다는 것은 아리스토텔레스를 잘 이해한다는 것이며 동시에 나를(우리를) 잘 이해한다는 것이다.

나의 생각은(평소에 별다른 의문 없이 갖고 있던 나의 생각이) 나와 다른 생각과의 차이를 통해 비로소 명료하게 인식될 수 있다. 그만큼 차이를 안다는 것은 중요하다. 내가 남과 어떻게 다른지를 아는 사람은 남을 잘 알 뿐만 아니라, 자기 자신에 관해서도 그만큼 잘 안다고 할 수 있다. 에우다이모니아를 검토하면서 우리는 에우다이모니아가 얼마나 객관성을 중요시하는 개념인지를 이해함과 동시에, 우리의 행복 개념이 얼마나 주관적 기준을 중요시하는지를 분명하게 자각할 수 있게 되는 것이다.

그러나 더 중요한 것이 있다. 이것은 서로 다름을 통해 나의 모습을 분명히 인식한다는 것보다 더 중요하다. 서로 다름은 단지 다름으로 끝나지 않기 때문이다. 서로 다름을 인식하면서 우리는 생각의 틀(사유의 지평)을 넓히게 된다. 우리는 지금 고대 그리스인들의 행복은 객관적이고, 오늘날 우리의 행복은 주관적이라는 차이만을 이해한 것에 그치지 않는다. 중요한 어떤 것이 결여되어 있는지를, 행복의 객관적 요소를 얼마나 소홀히 하고 있는지를 비로소 깨닫게 될 것이다. 그리고 한 걸음 더 나아가 우리 역시 행복의 객관성을 완전히 버린 것은 아님을 알게 될 것이다. 우리가 아직 "그것은 참된 행복이 아니야."라고 말하는 것이 그렇게 낯설지만은 않은 이유가 바로 그것이다.

우리가 행복에 관해 주관주의의 시대에 살고 있다는 사실은 우리가 무엇을 잊고 있는지, 무엇을 소홀히 하고 있는지를 잘 보여 준다. 나의 행복을 판정하는 심판은 결국 나 자신일 수밖에 없지만, 그러한 주관적 판단을 가능하게 해 주는 행복의 객관적 요소에도 관심을 기울여야 할 필요성이 있다는 것을 보여 준 것이다. 그 관심은 타인들과 함께하는 세상에 대한 관심이다. 행복은 에우다이모니아와 마찬가지로 주관적이며 동시에 객관적이기 때문이다.

8

인간의 행복은 동물의 행복과 어떻게 다른가?

- 인간의 행복은 정해져 있는가?
- 인간의 행복이란?
- 돈 없이도 행복할 수 있을까?
- 이성이란 무엇인가?
- 공부하면 행복한가?
- 도덕적인 행동은 우리를 행복하게 해 줄까?

인간의 행복은 정해져 있는가?

왜 사느냐는 물음은 삶의 목적을 묻는 것이다. 그것은 곧 행복이 무엇인가를 묻는 것과 같다. 왜냐하면 앞에서 보았듯이 행복은 삶의 궁극목적이기 때문이다. 행복에 관해 철저한 주관주의적 입장에 서 있다면 이러한 물음은 별로 중요하지 않다. 행복은 각자의 주관적 판단에 달려 있는 것이기 때문에 사람마다 다른 대답을 할 것이다. 그리고 그 대답에 대해 시비를 걸 이유도 없다. 주관주의자에게는 각자의 행복이 있을 뿐 참된 행복 또는 거짓된 행복은 없다.

반면에 객관주의자는 이 물음에 진지하게 답을 해야 한다. 행복은 각자가 자신의 판단대로 규정하는 것이 아니라 객관적으로 판단될 수 있는 것이기 때문이다. 행복이 단지 행위자의 주관적 만족일 수 없다면, 따라서 참된 행복과 거짓된 행복을 구별해야 한다면, 과연 그 기준이 무엇인지 또는 행복의 본질이 무엇인지 알아야 할 것이다.

여기서 왜 사느냐는 물음, 즉 삶의 목적을 묻는 물음은 각 개인이 지향하는 삶의 목표를 묻는 것이 아니다. "나는 훌륭한 과학자가 될 것입니다.", "나는 좋은 세상을 만들 위대한 정치가가 되고 싶습니다."와 같은 대답을 요구하는 물음이 아니다. "인간에게 주어진 목적이 있는가?", "인간이 추구하는 행복이란 무엇인가?" 또는 "인간은 어떻게 살아야 행복한 것인가?"와 같은 인간이라는 종(種)의 행복을 묻는 것이다.

만일 개구리에게도 행복이 있다면 어떤 것일까? 훌륭한 생물학자의 실험실에 놓인 개구리가 행복할까? 맛있는 요리의 재료가 되는 개구리? 연못가의 개구리? 힘이 센 개구리? 이성에게 매력적인 예쁜 개구리? 알에서 깨자마자 일찍 죽어 버려서 오염된 세상을 빨리 벗어난 개구리? 어떤 개구리가 행복한지를 알기 위해서는 아마 가장 개구리답게 사는 개구리가 어떤 녀석인지를 알아야 할 것이다. 우리가 찾는 것은 바로 개구리답게 사는 것이 무엇이냐는 것이다. 그리고 그것이 개구리라는 종의 행복을 묻는 물음이다. 마찬가지로 우리는 인간이라는 종의 행복은 무엇일까를 묻는 것이다.

개구리는 개구리답게 살아야 행복하다면, 인간 역시 인간답게 사는 것이 행복한 삶이라고 할 수 있을 것이다. 과연 인간답게 사는 것이란 무엇일까? 인간다움이 무엇인지를 알려면 인간이란 도대체 무엇인가를 알아야 한다.

우리의 물음을 정리하면 이렇다. 인간이라는 종의 행복은 인간답게 사는 것이고, 인간답게 사는 것이 무엇인지를 알려면 인간이 무엇인지를 알아야 한다. 그렇다면, 인간이란 무엇인가? 이것은 인간의 본질이 무엇인가를 묻는 것이다.

인간의 행복이란?

행복이란 무엇인가? 이것은 인간에게 진정으로 좋은 것이 무엇인가를 묻는 물음이다. 아리스토텔레스는 이 물음의 답을 인간의 본질적 활동을 찾음으로써 구하려고 한다. 인간이 자신의 본질적 활동을 잘 하는 것, 그것이 바로 인간이 인간답게 사는 것이고, 인간의 행복이라고 생각한 것이다. 그러므로 인간의 행복을 정의하기 위해서는 인간의 본질 또는 본질적 활동이 무엇인지를 알아야 한다.

본질이란 무엇일까? 본질이란 그 종(種)만이 고유하게 가진 어떤 것으로서 그 종의 특징을 가장 잘 설명해 줄 수 있는 것이다. 또한 본질은 자신이 속한 류(類)의 다른 종들에게는 없는 것이며, 그러므로 다른 종과 구별해 주는 그 종의 고유한 특징이다. 이것을 종차(種差)라고도 한다. 결국 본질을 찾는다는 것은 종차를 찾는 것과 같다. 인간이 속한 류를 동물이라고 하자. 그러면 인간의 종차란 다른 동물들이 갖지 않는 인간만의 그 무엇을 말한다.

인간의 본질적 활동이 무엇인가를 찾기 위해 아리스토텔레스는 인간은 어떤 활동들을 하는지 검토했다. 인간은 먼저 영양 섭취와 성장 활동을 한다. 그러나 이것은 다른 동물은 물론 식물들도 공유하고 있는 활동이다. 그러므로 인간의 본질적 활동이 아니다. 감각 작용과 운동은 어떤가? 이것 역시 다른 동물들도 하고 있는 활동이다. 결국 남는 것은 이성적인 활동이다. 인간의 본질적 활동은 이성적 활동이다.

인간의 행복은 인간답게 사는 것이고, 이는 다시 말해 인간의 본질적 활동을 잘 수행하는 것이라는 의미이다. 인간의 본질적 활동이 이성적 활동이라면, 인간의 행복은 곧 이성적 활동을 잘 수행하는 것이다. 그리고 이것이 인간에게 가장 좋은 것, 즉 최고선이다. 인간은 다른 어떤 동물도 갖지 않은 이성적 능력이 있으며, 이것을 잘 발휘하는 것이 인간답게 사는 것이고 그것이 바로 인간의 행복이라는 말이다.

행복은 인간의 이성적 능력을 탁월하게 발휘하는 것이다. 이러한 탁월함을 고대 그리스 어로 아레테라고 한다. 아레테는 본래 인간 활동의 탁월함만을 말하는 것이 아니라, 자신의 고유한 활동을 잘 발휘하는 상태를 모두 일컫는 말이다. 톱의 아레테는 잘 자르는 것이고, 눈의 아레테는 잘 보는 것이다. 인간의 아레테는 인간의 고유한 활동을 잘 발휘하는 것, 즉 이성적 활동의 탁월함이다.

아리스토텔레스에 따르자면 인간의 아레테, 즉 인간의 탁월함에는 두 가지가 있다. 하나는 지적인 탁월함이고 다른 하나는 윤리적(또는 성품의) 탁월함(에티케* 아레테)이다. 지적인 탁월함은 앎의 능력을 잘 발휘하는 것이다. 지적 탁월함, 즉 지적 아레테를 가진 사람은 오늘날 기준으로 보면 아마도 여러 분야의 학자일 것이다.

윤리적 탁월함, 즉 윤리적 아레테를 지닌 사람은 훌륭한 성품을 지니고 올바르게 행동할 줄 아는 사람이다. 그런데 성품

---

* 흔히 '윤리적'이라고 번역하는 영어의 'ethical'은 고대 그리스 어 에티케(ēthikē)에서 왔다. 에티케는 영어의 'ethical'이나 우리말의 '윤리적'보다 범위가 넓은, 인간의 성품 전체를 포괄하는 개념이다.

이 훌륭하다는 것이 왜 이성적 능력의 탁월함에 속하는지 의문을 제기할 수도 있다. 하지만 올바른 행동을 하는 데 가장 중요한 것은 무엇이 올바른 행동인지를 판단할 수 있는 판단력이다. 그러한 실천적 판단력을 아리스토텔레스는 '프로네시스'라고 부르는데, 이것은 당연히 인간의 이성적 능력이다. 그래서 인간만이 윤리적일 수 있는 것이다.

흔히 아레테를 덕(德)으로 번역하는데, 모든 아레테가 덕은 아니다. 아레테는 탁월함이라고 번역할 수 있으며, 그런 아레테들 중에서 윤리적 탁월함을 우리는 덕이라고 번역할 수 있겠다. 지적인 아레테도 덕이라고 한다면 연구 업적이 뛰어난 학자 또는 학교에서 학과 공부를 잘하는 학생은 덕을 갖추었다고 해야 할 텐데, 덕이라는 말을 그렇게 쓸 수는 없기 때문이다. 절제, 용기, 관대함 등 훌륭한 성품을 지니고 그에 따른 행동을 할 수 있을 때 덕을 갖추었다고 할 수 있다.

정리해 보면 행복이란 인간이 자신의 고유한 본질적 능력을 잘 발휘하는 것이며, 그것은 곧 이성적 능력을 잘 발휘하는 것이다. 이는 다시 지적인 탁월함과 윤리적 탁월함(덕)이다. 결국 인간의 행복이란 진리를 알기 위해 탐구하는 삶, 그리고 올바른 행동을 하는 도덕적인 삶이다. 그것이 인간답게 사는 길이며 잘 사는 것, 즉 행복이다.

돈 없이도 행복할 수 있을까?

여러분은 이러한 행복론에 대해 어떻게 생각하는가? 오늘날 과연 얼마나 많은 사람들이 이러한 생각에 공감할까? 진리 탐구의 삶과 도덕적인 삶이 인간의 행복이라면, 지금 우리는 이러한 행복을 추구하며 살고 있는가? 자본주의의 시대에, 그것도 시장에서의 경쟁 논리가 삶의 전 영역을 지배하려는 신자유주의의 시대에 진리나 도덕을 말하는 것은 너무나 진부하고 답답한 이야기로 들릴 수도 있다. 실제로 사람들이 추구하는 것은 돈이나 권력과 같이 현실적으로 유용한 것들이며, 학문 연구도 경제적 가치가 있어야 사람들이 관심을 갖는 그런 세상이 아닌가.

우리가 사는 데는 물질적으로 많은 것들이 필요하다. 물질적 조건이 오늘날보다 훨씬 열악한 과거로 갈수록 경제적 가치의 중요성은 컸을 것이다. 예나 지금이나 경제적 조건을 무시한다면 행복한 삶은 둘째 치고 생존하기조차 힘이 든다. 물론 단지 경제적 조건을 만족시켰다고 해서 행복이 얻어지는 것은 아니지만, 형편없는 경제적 조건에서는 행복을 찾기가 어려운 것도 사실이다. 경제적 조건 외에도 우리에게 필요한 것은 많이 있을 것이다. 이렇게 우리에게 필요한 것들을 충족시키지 않은 채 행복을 말할 수는 없을 것 같다.

그런데 왜 아리스토텔레스가 내린 행복의 정의에는 우리가 가지려고 애쓰는 많은 것들이 하나도 들어 있지 않은가? 그 이유는 우리가 원하는 많은 조건들이 행복의 본질은 아니기 때문이다. 여기서 우리는 본질과 필수 조건을 잘 구별해야 한다. 삶의 필수 조건들이 만족되지 않으면 행복은 물론 삶조차 불가능하다는 사실은 분명하다. 예들 들어 적당한 영양 섭취를 하지 않으면 우리는 생존할 수 없다. 하지만 영양 섭취는 삶의 필수 조건일 뿐이지 결코 삶의 본질 또는 행복의 본질은 아니다.

아리스토텔레스가 인간의 행복을 진리 탐구와 도덕적 삶에 있다고 한 것은 행복의 본질을 말하는 것이지 필수 조건을 언급한 것이 아니다. 삶의 필수 조건 없이 행복할 수는 없다. 하지만 필수 조건을 다 갖추었어도 본질이 빠져 있다면 그것은 행복이 아니다. '행복의 본질'은 행복이 무엇인가를 말해 주는 것, 즉 행복의 정체성을 규정해 주는 것이기 때문이다. 이를테면 훌륭한 축구 선수의 본질은 축구를 잘 하는 것이다. 좋은 조건들을 아무리 많이 갖추었어도 축구를 못하면 그는 축구 선수가 될 수 없다. 축구를 잘 하는 것이 축구 선수의 정체성이기 때문이다.

인간의 삶도 마찬가지이다. 영양 섭취 없이는 삶이 불가능하다고 해서 영양 섭취가 인간 삶의 본질이 될 수는 없다. 여러 조건들을 아무리 잘 갖추었어도 인간으로서의 삶의 본질이 빠져 있다면 그것은 행복한 삶, 인간다운 삶이 아니다. 인간의 본질은 이성적 활동에 있으며, 따라서 인간 삶의 본질 역시 이성적 활동을 잘 하는 것이다. 이성에 따른 본질적 활동이 바로 진리를 탐구하는 것, 그리고 올바른 이성적 판단에 따른 도덕적 활동이다.

아무리 경제적 가치를 중요시하는 세상이라고 해도 경제적 가치는 수단적 가치일 수밖에 없으며 경제적 풍요가 행복의 본질일 수는 없다. 돈이 있으면 무엇이든지 살 수 있는 세상이라고 해도 달라지는 것은 아니다. 다시 말해 돈이 있어야 공부도 하고, 좋은 일도 하고, 명예도 얻을 수 있다고 해도, 돈은 여전히 수단이지 목적은 아니다. 돈이 있으면 명예도 얻을 수 있다는 것 자체가 돈은 명예를 얻기 위한 수단이라는 말이다. 돈이 있어야 진리 탐구가 가능하다는 말도 역시 마찬가지이다. 돈이 아무리 중요하다고 해도 수단과 목적의 관계가 역전되는 것은 아니다. 수단이 목적보다 더 상위의 가치를 가질 수는 없다.

그러므로 경제적 가치를 비롯한 수단적 가치들은 인간의

삶을 가능하게 해 주는, 또는 행복을 가능하게 해 주는 중요한 수단적 가치를 갖는다. 그러나 이러한 수단적 가치들이 오히려 목적보다 중요해지고, 목적이었던 것이 수단적 가치로 전락한 경우에 우리는 그것들의 관계를 어떻게 보아야 할까? 진리를 탐구하는 활동이 모두 돈벌이의 수단이 되는 세상이 그런 경우이다. 아리스토텔레스라면 그렇게 목적과 수단이 바뀐 세상은 인간의 본질적 활동을 구현할 수 없는 세상, 인간다운 삶을 살 수 없는 세상이라고 말할 것이다. 돈벌이가 인간의 본질적 활동이며 삶의 목적이라고 말할 수는 없을 것이기 때문이다.

이성이란 무엇인가?

아리스토텔레스는 인간의 본질적 활동이 이성적 활동이라고 보았으며 따라서 인간답게 사는 것은 이성을 잘 발휘하여 사는 것이고 그것이 바로 인간의 행복이라고 하였다. 인간의 본질을 이성에서 찾는 것에 대해서는 아마 많은 사람들이 동의할 것이다. 그러나 인간의 이성이란 도대체 무엇이며 이성을 잘 발휘하며 산다는 것이 어떤 식의 삶을 말하는지에 대해서는 의견이 다를 수 있다.

인간의 육체적 조건은 다른 동물에 비해 열악하지만 이성이 있기 때문에 생존에 성공했을 뿐 아니라 문명이라는 거대한 성취를 이룩하였다. 인류의 역사를 구석기시대, 신석기시대, 청동기시대 등으로 구분하는 것도 이성의 발휘에 따른 도구의 발달을 기준으로 삼는다. 이성은 인간만이 가진 인간 생존의 필수적인 요소라고 할 수 있다. 이런 점에서 이성을 가졌다는 것은 다른 동물이 갖지 못한 탁월한 생존 수단을 가졌다는 의미이다. 또한 이성은 단순한 생존 수단을 넘어서 인간의 욕구를 효과적으로 실현시킬 수 있는 수단이다. 이성의 산물인 기술을 통해 인간은 얼마나 많은 욕구를 충족시키고 있는가.

결국 인간은 자신의 본질인 이성을 발휘하여 자연을 지배하고, 욕구를 충족시킨다. 그런 점에서 이성은 인간의 고유한 도구이다. 또한 욕구 충족의 도구이다. 지금도 우리는 우리의 탁월한 도구인 이성을 계발하기 위해 얼마나 닦달하고 있는가. "그렇게 공부해서 어떻게 살려고 하니?", "제발 머리 좀 써라." 등 아이들을 채찍질하는 말들은 모두 이성이라는 도구를 잘 발휘해야만 성공할 수 있음을 호소하는 것이다. 국가가 학생들의 학력을 염려하고 교육을 강조하는 이유도 결국은 이성의 발휘가 국가 경제의 가장 중요한 수단이기 때문이다. 한마디로 "아는 것이 힘이다." 결국 이성은 인간만이 고유하게 가진 탁월한 수단인 것이다. 이렇게 수단으로서의 이성을 우리는 **도구적 이성**이라고 부른다.

도구적 이성은 주어진 목적을 가장 효과적으로 실현시켜 주는 방법을 찾는다. 내가 생존을 위협받는 상황에 처해 있다면, 나는 생존이라는 목적을 실현하기 위한 최선의 방법을 찾아내려고 애를 쓸 것이다. 인간은 도구적 이성 덕분에 생존하며, 욕구를 충족시키면서 성공할 수 있다. 그러나 도구적 이성은 목적 자체에 대해서는 문제 삼지 않는다. 목적은 나의 욕구가 결정해 준다. 생존하려는 욕구, 남보다 앞서려는 욕구, 잘 먹고 싶은 욕구, 사랑하려는 욕구 등 많은 욕구들을 충족시키는 것이 나에게 주어진 목적이다. 이성은 그러한 목적을 실현할 방법을 찾을 뿐 더 이상의 역할은 하지 않는다. 배고픔의 욕구 앞에서 음식을 구할 가장 효과적인 방법을 찾는 일 이외에 이성이 할 일이 무엇이 있겠는가.

도구적 이성이 없다면 인간은 아마 일찍감치 멸종되었을지도 모른다고 할 만큼 도구적 이성의 역할은 중요하다. 그러나 인간의 이성이 오직 도구적일 뿐일까? 이성은 욕구의 충실한 노예에 불과한 것인가? 그렇다면 이성을 탁월하게 발휘한다는 것은 인간의 욕구를 가장 효과적으로 최대한 충족시 킨다는 의미가 된다. 그 욕구가 어떤 욕구인가는 이성이 관여 할 문제가 아니다. 환자를 살리기 위한 의사의 처방이나 생화 학 무기를 개발하는 연구나 주어진 목적을 위해 도구적 이성 을 탁월하게 발휘한다는 점에서는 다를 것이 없다. 인간은 자 신의 욕구를 충족시키기 위해 살아가는 이기적인 동물일 뿐 이다. 이성이라는 도구를 가졌기에 인간은 어떤 다른 동물보 다도 더 영리하게 이기적인 동물이다.

하지만 인간의 이성이 단지 도구적이지만은 않다는 사실을 우리는 그다지 어렵지 않게 알 수 있다. 어떤 욕구가 발생했 을 때 우리의 이성은 욕구 충족의 수단만을 강구하는 것이 아 니라 그 욕구가 과연 바람직한 욕구인지 검토할 수 있다. 이 러한 반성적 능력은 이성이 단지 도구적 이성이 아님을 보여 준다. 우리가 지금 이 책을 읽으면서 행복한 삶이 무엇인지 검토하고, 무엇이 바람직한 삶의 목적이 될 수 있는지 숙고하 는 것 자체가 바로 이성은 단지 수단에만 관여하는 것이 아님 을 증명하고 있다.

우리는 칸트의 주장에서 이성이 단지 수단을 찾는 도구가 아니라 우리가 무엇을 목적으로 선택할 것인지를 숙고하는 능력이라는 점을 잘 보았다. 앞에서 살펴본 가연명법과 정언 명법의 구별이 바로 그것이다. 주어진 목적을 실현하기 위해서는 어떻게 하라는 형식의 가언명법은 바로 도구적 이성의 명령이다. 그러나 무조건적 명령인 정언 명법, 너의 준칙이 보편적 법칙이 될 수 있도록 행위하라는 실천이성의 무조건적 명령은 도구적 이성의 범위를 벗어난다. 인간이 스스로에게 도덕 명령을 내릴 수 있는 실천이성의 존재는 인간의 이성이 단지 도구적 이성만은 아님을, 이성은 단지 욕구의 노예가 아님을 잘 보여 준다.

아리스토텔레스가 인간의 본질을 이성적 활동에서 찾았을 때, 여기서 말하는 이성도 역시 도구적 이성이 아니다. 만일 아리스토텔레스가 인간의 행복이 이성적 능력을 잘 발휘하는 삶이라고 했을 때의 이성이 도구적 이성이라면, 행복한 삶이란 단지 욕구를 최대한 충족시키는 삶이며 그것이 어떤 욕구인지는 상관없게 된다. 그러나 그가 말한 행복은 최대한의 욕구 충족이 아니라 진리 탐구와 도덕적 활동에 달려 있다.

아리스토텔레스는 『형이상학』 첫머리를 "인간은 본성상 알고자 한다."라는 말로 시작한다. 이 말은 앎에 대한 욕구가 이성적 존재인 인간의 본질적인 욕구임을 뜻한다. 이성은 단지 욕구에 봉사하는 도구적 이성이 아니다. 이성 자체도 나름의 욕구를 지니고 있다. 그것은 바로 **알고자 하는 욕구**이다. 그리고 이러한 이성적 욕구를 충족시키는 것이 바로 진리 탐구의 활동이다. 인간이 찾은 지식이 유용하게 이용되느냐 마느냐의 문제는 부차적이다. 인간이 진리를 탐구하는 것은 그 자체가 인간의 본성이기 때문이다. 그래서 진리 탐구 자체가 행복인 것이다.

도덕적 행동 역시 이성에 따르는 활동이다. 무엇이 올바른 행동인가를 알고 그것에 따르는 것이 도덕적 행동이다. 무엇이 올바른 행동인가를 알려 주는 것은 다름 아닌 이성의 역할이며, 따라서 도덕적 행동은 이성에 따르는 행동이다. 인간은 자신의 본질에 충실하여야 행복할 수 있다. 다시 말해 인간의 행복은 인간답게 사는 것이다. 인간의 본질이 이성이라면 이성에 따른 활동을 잘 하는 것이 인간의 행복이다. 그것은 도구적 이성에 따라 영리하게 욕구를 충족시키는 것을 의미하는 것이 아니다. 진리를 탐구하고, 도덕적 행동을 실천하는 삶이 바로 인간다운 삶이며 행복한 삶이다.

공부하면 행복한가?

진리 탐구가 행복이라면 우리는 평생 공부해야 하는가? 도덕적 실천이 행복이라면 우리는 많은 고생이나 위험을 감수해야 하지 않을까? 오늘날 대한민국의 학생들에게 공부가 행복이라고 말하면, 그들은 웃거나 혹은 분노할지도 모른다. 고등학교까지의 공부는 대학에 들어가기 위해서, 대학에서는 좋은 직장을 얻기 위해서, 직장에서는 승진 또는 더 나은 수입을 위해서 공부하며, 심지어는 과학자들도 국가의 경제 발전을 위해서 연구하는 현실에서 순수한 진리 탐구라는 말은 공허하게 들린다. 공부의 목적은 진리탐구가 아니라 경쟁에서의 승리이다. 이런 세상에서 공부가 행복이라는 아리스토텔레스의 말은 현실과는 너무나 동떨어진 것으로 들린다.

그러나 그 동떨어짐의 탓을 아리스토텔레스에게 돌릴 수는 없는 일이다. 진리 탐구를 냉소하는 우리의 현실을 반성하는 계기로 삼을 수도 있기 때문이다. 우리는 전쟁을 치르듯이 공부하고, 그 결과로 성공하고, 부를 획득하여 마음껏 욕구를 충족시키고 싶어 한다. 공부는 욕구 충족의 수단일 뿐이다. 그러나 아리스토텔레스가 말하는 공부는 자연의 이치를 파악하고 세계의 질서를 모색하며, 삶의 진정한 의미를 성찰하는 깨달음의 활동이다. 인간이 자신의 본성을 실현하는, 즉 인간답게 살아가는 즐거운 활동이다. 우리가 이러한 이성적 활동을 포기할 때 우리들의 삶은 욕구의 노예가 되기 쉽다. 욕구 충족을 위해 열심히 돈을 벌고 소비하고, 텔레비전에서 유혹하는 새로운 욕구를 충족시키기 위해 끊임없이 노력하는 삶은 과연 행복할까?

우리는 모두 행복을 얻기 위해 공부하고 일한다. 마치 행복은 이미 정해져 있고, 나는 그것을 얻기 위한 수단만 확보하면 된다는 식으로 부지런히 앞만 보고 달린다. 그러나 정작 행복이 무엇인지, 우리들의 삶은 바람직한 것인지는 묻지 않는다. 우리가 자신의 삶과 세상을 성찰하는 이성적 활동을 소홀히 하는 한 소비사회에 길들여진 우리들의 삶은 달라지기 어려울 것이다.

도덕적인 행동은 우리를 행복하게 해 줄까?

도덕적인 행동을 하려면 손해나 위험을 감수해야 하는 경우가 많이 있다. 도덕적 행동은 이기적인 욕구와 충돌하기 쉽기 때문이다. 바르게 살기 위해서는 심지어 목숨을 걸어야 하는 상황이 올 수도 있다. 극단적인 예로, 당신의 동료가 간첩이라고 말해 주면 너를 살려 주겠다는 불의한 흥정을 거절하려면 기꺼이 목숨을 걸어야 한다. 이러한 도덕적 행동이 과연 우리를 행복하게 해 주는가?

　가능한 한 도덕적 상황을 피하고, 극단적인 경우에는 도덕을 포기하는 것이 더 행복한 삶이 아닐까? 유관순 열사나 안중근 의사보다는 대세에 순응하는 기회주의자가 더 행복하지 않을까? 그렇다면 도덕은 결코 행복과 양립하기 어려운 것이고, 우리는 도덕이냐 행복이냐를 선택해야 할 것이다. 그런데 왜 아리스토텔레스는 도덕적 실천이 행복이라고 말했을까?

　답은 간단하다. 인간의 행복은 일신상의 편안함이 아니다. 도덕적으로 살면서 몸도 편안하다면 더욱 좋겠지만, 그럴 수 없는 상황에서는 도덕적 삶을 선택하는 것이 인간답게 사는 것이고 인간의 행복이다. 편안함으로 말하자면 배부른 돼지가 가장 행복할 것이다.

9

도덕은
인간의 **본성**을
억제하는가?

- 신이 죽었다면?
- 도덕은 관습인가?
- 도덕은 자연의 법칙인가?
- 사실과 가치의 관계는?
- 인간의 본성은 어떤 것일까?

신이 죽었다면?

 내가 마음대로 살고 싶을 때, 본능에 충실하게 멋대로 살고 싶을 때, 도덕은 방해가 된다는 생각이 들 수 있다. 그럴 때 우리는 도덕의 근거를 묻는다. 내가 왜 도덕적으로 살아야 할까? 도덕적으로 사는 것이 보람 있고 유쾌한 경우에는 도덕적 가치를 의심하지 않다가도, 도덕이 개인의 이기적 욕망을 강하게 억압할 때는 도덕의 근거를 의심하는 도덕적 회의주의가 고개를 들기 쉽다.

 왜 도덕을 따라야 하는가 라는 물음에 대한 흔한 답변들 중 하나는, 도덕이 나에게 이익을 준다는 것이다. 도덕을 따르는 것이 당장은 손해인 것 같아도 장기적으로는 제멋대로 사는 것보다 더 안정적인 이익을 확보해 준다는 주장이다. 그러나 도덕을 이익으로 환원하는 이러한 주장은 오늘날의 현실 앞에서 너무나 쉽게 반증된다. 이익으로 따지자면, 도덕을 지키는 것보다 외면하는 것이 더 유리한 것 같기 때문이다. 정의감에 불타 독립운동을 한 분들이 기회주의적인 친일파보다 더 큰 이익을 얻었다고 할 사람은 없을 것이다. 도덕을 무시하고 살아도 죽을 때까지 아무런 손해 없이 부유한 삶을 누리는 사람에게, 또는 도덕이란 체면치레에 불과할 뿐이라고 여기는 사람들에게 도덕적 삶이 장기적으로 이익이라는 주장은 계산 착오에 불과하다.

도덕을 무시하고 현실적 풍요를 누리는 자들 앞에 도덕의 권위를 세울 수는 없는가? 가장 오래된 방법은 종교에 호소하는 것이다. 도덕적 규범에 따르라는 것은 곧 신의 명령이다. 그러므로 도덕을 무시하는 행위는 신의 뜻을 거역하는 것이며, 이승에서가 아니면 저승에서라도 어떤 방식으로든 신의 벌을 받게 된다. 신의 권위가 절대적인 만큼 도덕의 권위도 절대적인 힘을 갖는다. 사실 역사적으로도 종교는 도덕적 가치를 지탱해 주는 역할을 오랫동안 수행해 왔으며 지금도 신앙인들의 도덕은 종교에 기초를 두고 있다고 할 수 있다.

그런데 신이 죽었다면 어떻게 될까? 신은 생성 소멸하는 존재가 아니니 살았다 죽었다 할 리야 없지만, 신에 대한 믿음과 함께 종교적 권위가 사라진다면 도덕의 운명은 어떻게 될까? 신이 죽었다면 모든 것이 허용되는가? 신이 없다면 이제 도덕을 따라야할 이유가 없을 것 같다. 이제 내 멋대로 살 수 있는 힘만 키우면 될 것 같다.

과연 도덕은 종교가 받쳐 주지 않으면 쓰러질까? 그렇다면 신이 죽지 않았다고 해 보자. 종교적 권위가 삶을 지배하던 시대에 과연 도덕이 굳건히 세워졌는가? 종교에 의해 저질러지는 많은 악들 예컨대 십자군 전쟁, 마녀사냥 등의 비도덕적 행위에 대해 종교는 무슨 말을 하는가? 종교가 저지른 비도덕적 행위들을 비판하려는 것이 아니다. 우리는 종교의 비도덕적인 행위에 대해 종교가 어떻게 대응하는가를 보려는 것이다. 어떤 종교든지 자신들의 행위를 도덕적으로 옹호하려고 애쓴다는 사실이 중요하다. 종교적 권위는 도덕을 초월하는 것이니 비도덕적이어도 괜찮다고 주장하는 경우는 보기 어렵다. 이것은 종교 역시 도덕적 기초 위에 세워져야 한다는 사실을 보여 주는 것이다.

신이라고 할지라도 야비하고 위선적인 비도덕적 존재라면 우리는 그런 신을 존중하지 않을 뿐 아니라, 도덕적인 비난을 퍼부을 수 있다. 또는 그런 존재는 결코 신일 수 없다고 말할 수 있다. 어떤 종교든지 자신들의 신은 결코 비도덕적인 존재가 아니라고 주장한다. 이것은 신도 도덕적 평가의 대상이 될 수 있음을 보여 주는 것이며, 따라서 신에 의해 도덕이 세워지는 것이 아님을 말해 준다.

그러므로 신이 살아야만 도덕이 세워지는 것도 아니고, 신이 죽었다고 해서 도덕이 무너지는 것도 아니다. 신의 죽음이 곧 비도덕적인 험악한 세상의 도래를 의미하는 것이 아니며, 내 멋대로 살 수 있는 방종을 의미하는 것도 아니다. 그렇다면 도대체 도덕은 무엇이기에 우리의 행위를 규제하는가?

도덕은 관습인가?

도덕은 관습에 불과한 것이 아닐까? 그래서 우리가 관습을 지키며 살듯이 도덕을 지키는 것은 아닐까? 그렇다면 시대와 지역에 따라 관습이 다르듯이 도덕 또한 달라지는 것이라고 할 수 있다. 관습이 상대적인 만큼 도덕도 상대적이라면 도덕적 가치는 객관적이고 보편적인 것이 될 수 없으며, 도덕의 권위는 그만큼 약해진다. 그러므로 우리와 관습이 다른 사람들의 행위에 대해서는 도덕적 평가나 비난을 할 수도 없다.

헤로도토스의 『역사』에는 이러한 관습의 상대성을 보여 주는 유명한 이야기가 나온다. 시체를 화장하는 관습을 가진 그리스인에게 돈을 얼마나 주면 부친의 시신을 먹겠느냐고 묻자, 아무리 많은 돈을 준다 해도 그럴 수는 없다고 대답했다. 그러나 관습이 다른 부족에게 돈을 얼마나 주면 부친의 시신을 화장하겠느냐고 묻자, 결코 그럴 수는 없다고 애원했다. 이 부족에게 시체를 화장하는 일은 비도덕적임이 분명하다. 도덕이라는 것은 상대적인 것에 불과한 것이다. 이런 이야기를 통해 헤로도토스가 말하려는 것은 도덕도 관습에 의해 결정되는 상대적인 것이니, 자신의 것을 절대적으로 여기지 말고 자신과 다른 관습과 도덕을 존중하라는 것이다.

사실 상대주의의 매력은 자신과 다른 견해에 대해 관용을 갖게 해 준다는 점이다. 그러나 문제는 관용을 베풀 수 없는 경우가 있다는 것이며, 그런 상황에서 상대주의적인 관용은 문제를 방치하는 것이 된다. 노예 제도를 인정하는 관습에 대해서 상대주의적인 관용을 베풀기는 어렵다. 여기서 우리는 모든 관습이 도덕적으로 동등한 가치를 갖지 않는다는 것을 알 수 있다. 그래서 고쳐야 할 관습이 있고 지켜야 할 관습도 있는 것이다. 관습이 도덕적 평가의 대상이 될 수 있다는 사실은 도덕이 관습에 불과한 것이 아닐 뿐만 아니라, 관습에 의해 결정되는 것이 아님을 말해 준다.

헤로도토스의 이야기에 나오는 관습의 차이도 도덕의 차이로 이해할 필요는 없다. 장례의 관습은 각각 다르지만 그것이 곧 도덕적 차이는 아니다. 두 부족 모두 조상의 죽음에 대해 경의를 표하고 있다는 점에서 도덕적 차이는 없다고 할 수 있다. 다만 그들은 죽음에 관한 각기 다른 믿음을 갖고 있고, 따라서 죽은 자를 대접하는 방식이 다를 뿐이다. 우리가 관습의 상대성을 인정하고 서로 존중해야 하는 이유는, 서로 다른 관습이라 할지라도 그 바탕에는 공통의 도덕적 가치가 놓여 있음을 확인할 수 있기 때문이다. 이러한 경우에만 관습은 존중받을 수 있다. 그러므로 관습이 상대적이라고 해서 도덕도 상대적인 것은 아니며, 도덕이 관습에 불과한 것은 더더욱 아니다.

도덕은 자연의 법칙인가?

도덕이 신의 명령도 아니고 관습도 아니라면 우리는 왜 도덕을 따라야만 하는가? 도덕은 무슨 근거로 우리의 행동을 규제하는가?

플라톤의 『고르기아스』를 보면 소크라테스가 칼리클레스라는 소피스트와 논쟁을 벌인다. 칼리클레스는 기존의 도덕

또는 정의는 약한 다수에 의해 만들어진 것으로, 열등한 대중들이 강자로부터 자신들을 보호하기 위한 술책이라고 주장한다. 약자들은 평등을 최선이라고 말하면서 강자를 길들이고 속박하여 자신들의 이익을 챙기고 있다는 것이다. 칼리클레스는 이러한 약자의 정의를 비난하면서 자연적 정의를 찬양한다. 자연의 세계는 강자가 약자를 지배하며 더 많은 이익을 차지하는 것이 정당하게 인정되는 세계이다. 인간들의 세계도 자연의 세계와 같이 강자가 약자를 지배하고 주인의 역할을 해야 한다. 실제로 국가나 종족 간의 관계를 보면 강자가 약자를 힘에 의해 지배하고 있다는 사실은 자연적 정의가 제대로 된 정의임을 보여 준다. 그러므로 약육강식의 자연적 정의가 올바른 정의라는 것이다.

  소크라테스도 우월한 자가 지배해야 한다는 자연적 정의를 부정하지는 않는다. 다만 그는 우월한 자 내지는 강자의 개념이 칼리클레스와 다르다. 소크라테스가 말하는 강자는 약자를 힘으로 지배하는 자가 아니라 사람들의 영혼을 질서 있고 조화롭게 만들 수 있는 지혜로운 자이다. 그리고 정의도 약육강식의 정의가 아니라 조화로운 정의이다. 자연도 하나의 질서 있는 체계이므로 인간의 정의도 그와 같이 질서 있고 조화로운 것이어야 한다고 주장한다.

우리가 여기서 소크라테스와 칼리클레스의 흥미진진한 논쟁을 계속 이야기할 수는 없다. 우리의 관심은 누구의 주장이 옳은가를 따지려는 것이 아니다. 두 사람 모두 자연적 질서를 기초로 자신의 정의관을 피력하고 있다는 점이 중요하다. 칼리클레스는 자연의 질서가 약육강식의 질서이므로 인간의 정의도 그러해야 한다고 주장한다. 그러나 소크라테스가 보기에 자연은 조화로운 질서의 세계이지 결코 약육강식의 세계가 아니다. 그러므로 인간의 정의도 조화로운 것이어야 한다는 주장이다.

결국 누구의 정의관이 올바른 것인가는 누가 자연의 세계를 제대로 알고 있는가에 달려 있는 것처럼 보인다. 그러나 자연의 세계, 그리고 국가나 종족 간의 관계가 약육강식의 논리에 의해 지배되고 있음이 사실이라면, 약육강식의 정의가 올바른 정의라는 칼리클레스의 주장이 성립되는가? 또는 약육강식이 아닌 조화로운 질서가 자연을 포함한 만물의 질서라고 한다면, 정의는 곧 조화로운 질서라는 소크라테스의 주장이 성립되는가?

세상이 약육강식의 논리로 움직여진다고 해서 그것이 곧 올바른 것이라고 할 수는 없다. 마찬가지로 세상이 조화로우니 우리도 그래야 한다는 주장이 성립되는 것도 아니다. 사실의 세계가 어떠하다고 해서 그것이 무조건 올바르며 좋은 것이라고 생각할 이유는 없으며, 우리가 반드시 그대로 따라야 하는 것도 아니기 때문이다. 여기서 우리는 중요한 철학적 물음에 부딪히게 된다. 바로 사실과 가치의 관계에 관한 문제이다.

사실과 가치의 관계는?

영국의 철학자 흄(David Hume, 1711~1776)은 사실과 가치, 또는 존재와 당위를 명확히 구별하면서 사실이나 존재로부터 가치나 당위가 도출될 수 없음을 주장하였다. 사실의 세계에 대해 우리가 말할 수 있는 것은 "어떠하다, ~이다(is)" 또는 "어떠하지 않다, ~이 아니다(is not)"라는 것뿐이다. 그러한 사실(존재)의 세계로부터 그것은 "좋다" 또는 "좋지 않다"라는 가치를 이끌어 내거나, 무엇을 "해야 한다(ought)" 혹은 "하지 말아야 한다(ought not)"라는 당위를 이끌어 내는 것은 불가능하다는 것이 흄의 주장이다. 예를 들어, "아이들은 단것을 원한다."라는 사실 명제로부터 "아이들에게 단것은 좋은 것이다."라는 가치 명제나, "아이들에게 단것을 주어야 한다."라는 당위 명제를 도출할 수는 없다는 것이다.

역시 영국의 철학자인 무어(George Edward Moore, 1873~1958)는 흄과 유사한 생각을 정리하여 '자연주의적 오류'라고 불렀다. 인간의 욕구, 쾌락, 이익 등과 같은 자연적 사실을 기초로 윤리적인 '좋음(good)'을 정의하려는 모든 시도는 자연주의적 오류를 범하는 것이다. 예를 들어 인간은 쾌락을 바란다는 사실로부터 쾌락이 곧 '좋음(선)'이라는 쾌락주의의 주장은 자연주의적 오류의 대표적인 경우라고 할 수 있다. 무어는 '좋음'의 정의 문제와 관련하여 자연주의적 오류를 논의하고 있지만, 우리가 여기서 주목할 것은 무어 역시 흄과 마찬가지로 사실로부터 가치가 도출될 수 없다는 주장을 한다는 점이다.

사실로부터 가치를, 존재로부터 당위를 이끌어 내는 것이 논리적으로 타당하지 않다는 것은 분명하다. 사실은 가치와 무관하게 그냥 그렇게 있는 것이다. 사실의 세계에서 우리가 추구해야 할 가치나 도덕적인 당위가 나올 수 없음은 당연하다. 내가 삶을 갈망하고 죽음을 두려워한다는 사실로부터 나의 삶이 나의 죽음보다 가치 있다는 판단이 논리적으로 연역될 수는 없다. 이것은 자살하려는 사람이 죽음을 원한다는 사실로부터 그의 죽음이 삶보다 좋은 것이라는 판단을 내릴 수 없는 것과 마찬가지이다.

그러므로 사실의 세계에서 아무리 많은 정보를 수집한다고 해도 그것으로부터 내가 어떻게 행동해야 하는가를 찾아낼 수는 없다. 내 집의 창고에는 식량이 가득하다는 사실과 이웃의 수많은 아이들이 굶주림으로 죽어 가고 있다는 사실에서, 내가 그들에게 식량을 나누어 주어야 한다는 도덕적 규범이 나오지는 않는다. 내가 그 아이들을 위해 창고를 열어야 한다고 판단하기 위해서는 기본적인 가치를 전제해야만 한다. 이를테면 "굶주림으로부터 생명을 구하는 일은 옳은 일이다.", 또는 "생명은 죽음보다 소중하다." 혹은 "선량한 이웃의 고통을 외면하는 것은 나쁘다."와 같은 가치판단이 전제되어 있어야만 하는 것이다.

일상적인 판단을 할 때, 우리는 자주 사실로부터 가치를 이끌어 내는 자연주의적 오류를 범한다. 아이가 물에 빠졌다는 사실을 보고 그를 구해야 한다는 당위를 이끌어 내는 것도 자연주의적 오류를 범한 것이다. 그러나 논리적 오류에도 불구하고 그런 판단이 허용되고 설득력을 갖게 되는 이유는 우리가 암암리에 전제하고 있는 가치판단 때문이다.

논리적으로만 보자면 사실판단과 가치판단 사이에는 건널 수 없는 틈이 있는 것이 분명하다. 그런 점에서 흄이나 무어의 지적은 타당하다. 그러나 사실판단과 가치판단이 서로 아무런 관계없이 분리되어 있다거나, 사실판단은 우리의 윤리적 판단에 아무런 상관이 없다고 주장할 수는 없다. 예컨대 어떤 음식이 아이들의 지적 발달에 장애가 된다는 사실이 과학자에 의해 밝혀졌다고 하자. 그러면 우리는 그러한 사실판단을 기초로 그 음식을 아이들에게 먹여서는 안 된다는 당위적 판단을 하게 된다. 이것은 당연히 사실로부터 가치로의 비약을 범하는 자연주의적 오류이다. 그러나 아이들은 건강하게 자라나야 한다는 가치판단이 미리 전제되어 있다면 그 추론은 오류가 아니다.

우리가 사실판단만으로 윤리적 판단을 내릴 수 없음은 분명하다. 그리고 또 하나 분명한 것은 가치판단만으로도 아무런 결정을 할 수 없다는 사실이다. 아이들이 건강하게 자라나야 한다는 당위성만으로 우리가 아이들에게 무엇을 해 줄 수 있겠는가. 아이들의 성장과 환경에 관한 사실적 정보가 없다면 우리는 아무런 구체적 행위도 결정할 수가 없다.

사실과 가치의 관계는 간단한 문제가 아니다. 이는 사실판단이 우리가 믿는 가치와 무관하게 내려질 수 있는 가치 중립적인 판단일 수 있느냐의 문제, 우리가 객관적으로 존재한다고 믿는 사실 자체라는 것을 과연 우리가 인식할 수 있느냐의 문제 등 매우 복잡한 철학적 문제들을 품고 있는 주제이다. 여기서 우리가 이 문제를 깊이 있게 다룰 수는 없다. 다만 사실판단만으로 가치나 당위를 말할 수는 없지만, 그렇다고 우리의 가치판단이 사실판단과 아무런 관계가 없으며, 사실과 가치는 별개의 문제라고 볼 수는 없다는 점을 지적하려는 것이다.

윤리학이 가치나 당위의 문제를 다룬다고 해서 가치의 문제에만 관심을 가질 수는 없다. 우리가 어떻게 살아야 하는가라는 실천의 문제가 윤리학의 중요한 문제인 만큼, 윤리학은 사실의 세계에 관한 지식에도 마땅한 관심을 기울여야 한다.

인간의 본성은 어떤 것일까?

도덕과 관련된 지식들 중에서 인간의 본성에 관한 지식만큼 도덕과 밀접한 것도 없을 것이다. 한때 성선설이나 성악설과 같은 인성론이 윤리학적 논의의 중요한 부분을 차지하고 있었다는 사실을 보면 잘 알 수 있다. 우리의 본성이 기본적으로 도덕과 잘 어울린다면 도덕적 명령에 따르는 일이 그리 힘든 일은 아닐 것이다. 그러나 인간의 본성이 비도덕적이라면 우리는 끊임없이 도덕과 갈등하면서 우리의 본성을 억제해야만 도덕적 삶을 살 수 있을 것이다.

인간의 본성은 과연 어떤 것일까? 그리고 그것을 어떻게 알 수 있을까? 우리는 어린아이들을 보면 인간의 본성을 알 수 있다고 생각하는 경향이 있다. 본성은 타고나는 성질이므로 본성이 훼손되기 전인 어린 시절에 잘 나타난다고 생각하는 것도 일리가 있다. 그렇다면 아무래도 인간의 본성은 도덕과 좋은 사이가 아닌 것 같다. 어린 아이들은 대체로 자기중심적이고 자신의 욕구를 억제하지 못하며, 도덕적 요구는 아이들에게 일종의 강요에 불과하기 때문이다. 이러한 도덕적 강요가 점차 익숙해지고 내면화되면서 도덕은 외부에서 강요하는 명령이 아니라 자신의 내부에서 본성적 욕구를 억제하는 존재가 된다. 어쨌든 어린아이이건 어른이건, 외부의 명령이든 내부의 명령이든 간에 도덕은 인간의 본성과 대립하며 본성을 억제하는 역할을 한다.

여기서 한 가지 의문을 제기해 보자. 왜 우리는 인간의 본성이 어린 시절에 더 잘 드러난다고 생각할까? 그런 생각이 옳다면, 우리가 개구리의 본성을 알기 위해서는 올챙이를 관찰해야 할 것이고, 참나무의 본성은 도토리를 보아야 알 수 있을 것이다. 하지만 올챙이를 관찰한 사람이 개구리는 본성상 다리가 없다고 주장한다면 받아들일 수 있을까? 이번에는 거꾸로, 우리가 올챙이의 본성을 탐구한다고 하자. 그런데 개구리를 전혀 본 적이 없는 사람이 과연 올챙이의 본성을 말할 수 있을까? 개구리를 모르는 사람이 올챙이의 정체를 알 수가 있을까? 올챙이가 무엇인지 알려면 개구리를 알아야 한다. 개구리를 못 본 사람은 올챙이가 개구리로 성장할 본성을 갖고 있음을 알 수가 없다. 참나무를 보지 못한 사람은 도토리에 대해 아무것도 모른다. 그러므로 참나무의 본성을 알기 위해 도토리를 볼 것이 아니라, 도토리가 무엇인지 알려면 참나무를 보아야 하는 것이다. 본성을 확인하기 위해서는 완전히 성장한 모습을 보아야 한다. 이와 마찬가지로 사람의 본성도 아이가 아니라 어른에게서 확인되는 것이 아닐까?

개구리의 본성은 올챙이가 아닌 제대로 잘 성장한 개구리에게서 가장 잘 드러나고, 도토리의 본성은 참나무로 성장하는 것이듯, 본성은 점차 완성되어 가는 것이라고 볼 수 있다. 아직 성장하지 않은 초기 단계에서 본성은 잠재되어 있을 뿐 아직 제 모습을 드러내지 않는다. 그렇다면 본성을 알기 위해 어린 시절을 관찰하는 것은 개구리의 본성을 알기 위해 올챙이를 관찰하는 것만큼이나 어리석은 일일 수 있다.

인간의 본성도 점차 완성되어 가는 것으로 볼 수 있다. 어린아이에게서 인간의 본질적 특성인 이성적 활동을 확인하기는 어렵다. 그러나 성장하면서 이성은 점차 계발되고 완성되어 간다. 대표적인 예가 언어 사용 능력이다. 어린아이가 말을 못한다고 해서 인간은 언어를 사용할 수 있는 본성을 타고 나지 않았다고 말하는 것은, 올챙이를 보면서 개구리를 생각하지 못하는 것과 같다. 우리가 갖고 태어나는 것은 완전한 본성이 아니라 본성의 싹이다. 올챙이가 본성의 싹을 틔워 개구리가 되듯이 어린아이는 어른으로 성장해 가는 것이다. 다만 인간은 힘들고 긴 시간을 거쳐야 그 본성을 실현할 수 있다는 점, 그리고 혼자만의 힘이 아니라 공동체적 생활을 통해서만 본성을 실현할 수 있다는 점이 개구리와 다를 뿐이다.

 이렇게 본다면 개구리의 본성은 올챙이가 아니라 성장한 개구리에게서, 인간의 본성은 아이가 아니라 어른에게서 찾아야 한다. 그런데 어떤 어른에게서 본성이 잘 드러날까? 개구리의 경우, 병들거나 성장이 불완전한 개구리보다는 건강하게 잘 성장한 개구리가 개구리의 표본이라고 할 수 있으며 본성을 제대로 발휘했다고 할 수 있다. 마찬가지로 인간의 경우도 육체적으로 건강할 뿐 아니라 정신적으로도 이성을 잘 계발한 어른이 인간의 본성을 잘 실현했다고 말할 수 있을 것이다. 만일 우리가 그런 인간의 표본을 뽑아야 한다면, 우리는 인간으로서 가장 탁월한 인간을 골라야 할 것이다.

 인간이 도덕적 성품을 갖게 되는 것도 마찬가지로 생각할 수 있다. 어린아이에게는 도덕의 싹이 있을 뿐이다. 그 싹을 잘 키우고 훌륭한 도덕적 성품을 갖추어 올바른 행위를 할 수 있을 때, 우리는 도덕적 본성을 완성했다고 생각할 수 있다. 그러므로 인간의 도덕적 본성을 가장 잘 실현한 사람은 올바른 도덕적 판단을 내릴 수 있는 지혜를 갖춘, 그리고 탁월한 도덕적 성품을 지닌 자라고 해야 할 것이다. 이렇게 본다면 도덕은 우리의 본성과 충돌하는 것이 아닌, 본성의 일부분이다. 따라서 도덕을 따르는 것은 곧 본성대로 사는 것이 된다.

 그러나 우리의 상식은 대체로 본성과 도덕을 대립적인 관계로 본다. 그리고 성숙한 인격이 아닌 어린아이에게서 인간의 본성을 찾는다. 거기에는 여러 가지 이유가 있지만, 그중 하나는 육체적이고 동물적인 것만을 자연적인 본성으로 여기는 것이다. 반면에 이성적이고 문화적인 것, 인간에 의해 만들어진 모든 것들은 인위적인 것이며 자연적인 본성과는 완전히 다를 뿐 아니라 대립적인 것으로 여긴다. 도덕도 인위적인 것임은 물론이다. 그런 점에서 인간은 비록 육체는 자연의 일부분이지만, 결코 자연에 속하지 않는다. 이러한 구별을 우리는 육체와 정신의 이원론, 또는 자연과 인위의 이분법이라고 한다.

 이러한 이분법은 우리에게 매우 익숙하고 편리한 구별일지 모르나, 그렇다고 무조건 받아들일 만한 절대적인 것은 결코 아니다. 인간이 이성적 동물이라는 것은 엄연한 자연적 사실이며, 이성적인 인간의 활동이 자연적인 것과 철저하게 구별될 이유는 없기 때문이다. 인간에게 이성이 있다는 것도 자연적인 사실로 볼 수 있으며, 이성에 의한 인간의 활동을 자연과 대립적인 것으로 볼 필요도 없다는 말이다. 도덕 역시 인간의 자연적 본성과 대립되는 것이 아니라 본성을 완성시킨 것으로 볼 수 있다는 것이다.

그래서 일반적인 상식과는 반대로, 어린아이가 아닌 성숙한 인격에서 인간의 본성을 찾을 수도 있다는 생각을 해 본 것이다. 개구리의 본성을 잘 실현한 개구리는 온전한 모습으로 잘 성장한 개구리이며, 그 녀석이 가장 개구리다운 개구리라고 할 수 있다. 마찬가지로 인간의 본성을 가장 잘 실현한 인간은 육체적으로나 정신적으로, 그리고 도덕적으로 성숙한 인격을 갖춘 사람이라고 할 수 있으며 그가 바로 가장 인간다운 인간이라고 말할 수 있다.

이런 관점에서 본다면, 도덕적으로 사는 것은 본성대로 사는 것이 된다. 그런데 바로 여기서 의문을 제기할 수 있다. 도덕적으로 사는 것이 본성대로 사는 것이라면 도덕과 본성은 일치하는 것이다. 그렇다면 별다른 갈등 없이 자연스럽게 도덕적인 행위를 할 수 있어야 하는 것이 아닐까? 그런데 왜 사람들은 도덕적 행위와 본성적 욕구 사이에서 갈등을 느끼며, 본성을 억제하는 것이 도덕적 행위라고 할까?

그러나 이것 역시 관점의 차이라고 볼 수 있다. 본성은 육체적인 것이며 도덕은 본성에서 나오는 것이 아닌 이성에 의한 인위적인 명령이라는 입장에서 보면, 도덕과 본성은 영원히 갈등할 수밖에 없는 운명이다. 육체와 정신의 이원론적 관점이라고 할 수 있다. 그러므로 도덕적으로 산다는 것은 항상 본성을 억제하고 올바른 이성적 판단에 따라, 도덕적 명령에 따라 행동하는 것이다. 이러한 입장의 대표적인 경우가 우리가 앞에서 살펴본 칸트라고 할 수 있다.

반면에 인간의 본성을 성숙한 인격에서 찾으려는 관점에서 보면, 도덕은 본성과 갈등을 일으키는 것이 아니다. 물론 본성을 제대로 실현하지 못한 단계에서는 도덕이 강제적 성격을 가질 수 있다. 하지만 도덕적으로 성숙한 인격에서는 자신의 본성적 욕구와 도덕적 명령이 일치하게 된다. 아리스토텔레스나 공자는 이러한 관점을 대표한다고 할 수 있다.

공자는 완성된 인격의 상태를 종심소욕불유구(從心所慾不踰矩), 즉 마음 가는 대로 행하여도 도덕적으로 어긋나는 것이 없다고 표현하였다. 이러한 인격이 인간의 본성을 가장 잘 실현한 상태이며 인간의 표본이고, 가장 인간다운 모습이라고 할 수 있다. 아리스토텔레스의 표현대로 하면, 인간이 자신의 고유한 본질적 능력을 탁월하게 발휘하는 것, 바로 이성적 능력의 탁월함(아레테)이다. 이것이 인간의 행복이고 인간다운 삶이며, 현대적으로 표현하자면 자기실현이다. 도덕적 삶은 인간의 본성을 실현하는 삶이다. 그러니 자기 자신에게 충실하게, 본성대로 살아야 한다. 그런데 나는 왜 도덕적 행위와 본성적 욕구 사이에서 갈등하는가? 아직 나의 본성을 충분히 실현하지 못했기 때문이다. 아직 올챙이라는 말이다.

10

행복한 **삶**이란 무엇인가?

- 행복은 도덕과 갈등하는가?
- 인간은 모두 이기적인가?
- 나의 욕망은 나 혼자서 만드는 것인가?
- 인간은 한 사회 체계의 부속품일 뿐인가?
- 악은 어디에 있는가?

행복은 도덕과 갈등하는가?

우리나라가 외국의 부당한 침략으로 식민지가 되어 가고 있다고 하자. 나는 어떻게 살아야 할까? 안중근 의사가 그랬듯이 개인적인 행복을 포기하고 조국의 해방을 위해 노력해야지. 아니야, 나라를 팔아먹은 놈도 있었다는데, 그렇게까지는 아니더라도 한 번밖에 없는 인생인데 돈 벌어서 풍요롭고 편안하게 살아야지.

다른 예를 들어 보자. 평생을 벌어도 갖기 힘든 큰 액수의 돈뭉치를 발견했다. 부정한 돈이지만 나의 돈이라고 한 번만 거짓말하면 내 돈이 될 수 있다. "갖고 싶지만 그럴 수 없지. 본래 주인에게 돌려줘야지. 아니야, 양심의 가책은 잠깐이야, 한 번만 거짓말 해. 이런 행운을 놓치는 놈은 바보야."

이런 심각한 상황들이 아니더라도 우리는 개인적인 행복과 도덕적 의무 사이에서 갈등을 겪는 경우가 많다. 이런 갈등을 일단 행복과 도덕의 갈등이라고 부르자. 그런데 행복과 도덕은 기본적으로 갈등 관계에 있는가? 행복은 나의 욕망을 충족시키는 것이고, 도덕은 나의 욕망을 억제하는 것일 수밖에 없다면, 행복은 도덕과 충돌하게 된다. 사실 도덕적 의무는 우리들의 욕망을 억제하는 경우가 많다. 그래서 도덕은 명령이나 의무의 형태를 갖는다. 도덕적 의무가 우리들의 욕망과 일치한다면 굳이 명령할 필요도 없을 것이다. 자신의 욕망이라면 시키지 않아도 잘 할 것이니 말이다.

그런데 우리는 이러한 갈등이 사람에 따라 매우 다르다는 것을 알 수 있다. 가난한 사람들을 위해 평생을 봉사한 테레사 수녀에게 개인적 행복을 억제하느라고 얼마나 고생하십니까 라고 물으면 어떻게 대답할까? 그분의 평화롭고 밝은 표정으로 짐작해 보건데 아무 갈등도 없다고 대답할 것 같다. 오히려 봉사하는 삶이 나에게 가장 큰 행복이라고, 행복은 도덕과 갈등하는 것이 아니라고 대답할 것 같다.

이렇게 존경스러운 경우가 아닌, 우리의 사소한 일상 속에서도 행복과 도덕이 충돌하지 않는 경우를 얼마든지 찾을 수 있다. 즐거운 일요일을 기꺼이 포기하고 평화를 위한 시위에 참여하거나 고통받는 이웃들을 위해 봉사 활동을 하는 경우, 우리는 놀러 간 것보다 오히려 더 큰 행복을 얻었다는 느낌을 얻을 수도 있다.

앞서 말한 돈뭉치의 경우도 반드시 갈등을 일으키는 사건은 아니다. 이런 경우 우리는 네 가지 경우를 생각해 볼 수 있다. 첫째는 돈뭉치를 자신이 챙기고 아무런 도덕적 갈등도 안 느끼는 사람이 있을 수 있다. 둘째는 고민을 하다가 돈을 자신이 챙기고 양심의 가책을 받는 사람이다. 셋째는 고민 끝에 돈을 돌려주고 양심의 가책은 면했지만 매우 아쉬워하는 사람이다. 넷째는 처음부터 그런 부정한 돈에는 욕심이 없어 깔끔하게 돌려주는 사람이다.

아마도 첫 번째 경우에는 행복과 도덕 사이에 갈등이 없을 것이다. 그에게는 오직 자신의 이익만이 행복이다. 도덕적 행동을 할 때 느낄 수 있는 내적 만족감이 전혀 없으며, 비도덕적인 행동 후에 느끼는 양심의 가책도 없다. 그는 도덕적으로 행동하려는 내적인 욕구를 갖고 있지 않다. 물론 겉으로는 도덕적인 체하며, 전략적으로 도덕적 행동을 한다. 그러나 그러한 행동은 처세술에 불과하다. 그러므로 그에게는 자신의 이익을 얻기 위한 계산의 어려움에서 오는 갈등이 있을 뿐이다.

반면에 네 번째 사람의 행복 개념 속에는 도덕이 깊이 뿌리

내려 있다고 할 수 있다. 그는 도덕적으로 행동할 때 큰 만족감을 느끼며 비도덕적인 행동을 하면 견디지 못하는 사람이라고 할 수 있다. 그에게 비도덕적인 행위는 가장 큰 심리적 고통이며 불행이다. 이 사람의 경우에도 도덕과 행복 사이에는 아무런 갈등이 없다. 도덕은 행복의 바깥에 있는 것이 아니라 행복의 중요한 요소이기 때문이다.

두 번째와 세 번째가 가장 흔한 경우로서 대부분의 사람들이 여기에 속할 것이다. 그러나 같은 두 번째 경우라 해도 양심의 가책을 받는 정도의 차이에 따라 사람들은 다양하게 나뉠 것이며, 세 번째의 경우에도 아쉬움의 정도에 따라 각양각색의 사람들이 있을 것이다. 여기서 우리가 주목할 점은 사람에 따라 행복이 매우 다양하게 나타날 수 있다는 사실이다. 또한 동일한 사람이라 할지라도 행복에 대한 생각이 달라질 수 있다. 비도덕적인 행동을 하면서도 양심의 가책을 별로 받지 않던 사람이 다양한 삶의 경험을 통해, 또는 크게 뉘우칠 만한 계기를 통해 도덕적인 사람으로 바뀔 수 있다. 그러면 그의 행복 개념 속에는 도덕이 한 요소로 자리 잡게 된다. 이러한 변화 가능성을 부인한다면 우리는 교육에 대해 아무런 기대도 할 수 없게 될 것이다. 인간이 기계가 아닌 이상 어떻게 변화하지 않을 수 있겠는가.

이처럼 인간이 행복이라고 생각하는 것은 매우 다양하며 또한 언제든지 변화될 수 있다. 그러므로 우리가 무엇을 행복이라고 생각하느냐에 따라, 그리고 그 행복 속에 도덕이 얼마나 중요한 자리를 차지하고 있느냐에 따라 도덕적 상황에서 우리가 겪는 갈등에는 차이가 있다고 해야 할 것이다.

인간은 모두 이기적인가?

결국 우리가 어떤 행동을 선택하는가, 그리고 얼마나 갈등을 겪는가 하는 문제에서 가장 중요한 것은 우리가 무엇을 행복이라고 생각하느냐이다. 기꺼이 도덕적 행동을 선택하는 사람은, 그것이 위선적인 행동이 아니라면, 도덕적 행동이 행복의 중요한 요소라고 생각하는 사람이다. 그렇지 않다면 테레사 수녀나 안중근 의사의 행동을 어떻게 이해할 것인가.

여기서 우리는 매우 냉소적인 반응을 예상해 볼 수 있다. 비도덕적 행동은 물론이고, 도덕적인 행동이라는 것도 결국은 모두 자기 자신을 위한 것이야. 그러므로 인간은 이기적인 동기에 의해 행동할 뿐이야. 행복에 대한 생각이 다를 뿐 모두 자신의 행복을 위해서 한 행동이라는 점에서는 아무 차이가 없지. 도덕적인 행동도 내적인 만족을 위해서 또는 양심의 가책을 피하기 위한 행동이야. 인간은 모두 이기적이야.

이러한 냉소적인 사람에게는 어떠한 이타적 사례를 제시해도 소용이 없다. 모든 행동이 그에게는 이기적인 것으로 해석되기 때문이다. 자신이 원하지 않는 일을 도대체 왜 하겠냐는 식으로 모든 행동을 이해하는 것이다. 그에게는 인간의 모든 행동이 인간이 이기적임을 증명하는 사례들이다.

그러나 이러한 이기주의 논증에는 최소한 두 가지 오류가 있다. 첫째는 논점 선취의 오류이다. 그는 인간의 모든 행동이 이기적이라는 자신의 주장을 입증하기 위한 증거로서 인간의 여러 가지 행동을 사례로 든다. 그의 주장을 반증할 만한 이타적 사례를 제시하면, 그는 "그것 역시 자신이 원해서 한 이기적 행동"으로 해석한다. 그러나 그러한 해석을 하기 위해 그가 사용하는 전제는 "인간의 모든 행동은 이기적이다."라는 보편적인 가정이다. 그는 이 가정을 전제로 모든 사례들을 해석하고 있는 것이다. 그런데 그가 사용하는 가정은 바로 자신이 입증해야 하는 결론이다. 그는 자신이 입증해야 할 결론을 미리 가져다 사용한 것이다.

예를 들어 "테레사 수녀의 봉사도 이기적인 행동이다. 왜냐하면 인간의 모든 행동은 결국 자신이 원한 것이고 따라서 이기적이기 때문이다."라고 해석하는 것이다. 테레사 수녀를 이 기적으로 해석할 수 있게 해주는 전제가 바로 인간의 보편적인 이기심인데, 이것은 그가 입증해야 할 결론이기도 하다. 그는 이 결론을 이끌어내기 위해 그것을 미리 전제해서 사용하고 있는 것이다. 이것이 바로 논점 선취의 오류이다. 결국 그의 주장은 증명된 것이 아니라 자신의 믿음에 불과할 뿐이다.

또 다른 오류는 언어의 의미에 관한 것이다. 본래 이기적이라는 말은 이타적이라는 말과 구별되면서 그 의미를 갖는다. 그런데 이타적인 행동까지 이기적인 범위에 포함시켜 모든 행동을 이기적이라고 한다면, 이렇게 범위가 넓어진 이기주의를 본래의 이기주의와 같은 의미로 사용할 수는 없다. 이기주의는 이타주의와의 차이에 의해 그 의미를 확보할 수 있는데, 이제 그 차이가 없어졌으니 그러한 이기주의는 사실 별다른 의미를 갖지 못한다. 이기적이지 않은 것이 없는데 굳이 이기적이라고 말하는 것이 무슨 의미를 가질 수 있을까. 이타주의를 삼켜 버린 이기주의는 더 이상 도덕적 평가에 사용될 수 있는 용어가 아니다.

나의 욕망은 나 혼자서 만드는 것인가?

행복에 대한 우리들의 생각, 즉 행복관은 우리가 행동 결정을 하는데 결정적인 역할을 한다. 도덕적인 행동을 하면서 행복을 경험하는 사람들은 도덕이 행복의 중요한 요소라고 생각하기 때문이다. 다시 말해서 도덕적인 행동은 도덕적인 욕구가 있기 때문에 가능한 것이며, 도덕적 욕구를 충족시키며 정신적 만족을 느낄 수 있는 것이다. 도덕적인 행동을 전략적 차원에서만 생각하는 사람이 생각하는 행복에는 도덕적 요소가 포함되어 있지 않다. 그렇기 때문에 그에게는 계산된 전략적 행동만이 있을 뿐, 도덕적 행동은 있을 수 없다. 이런 사람의 경우 우리는 그의 행동이 모두 이기적이라고 평가할 수 있을 것이다.

인간의 욕망은 동물과 달리 매우 복잡하다. 인간은 다른 동물처럼 생존을 위한 기본적인 욕구만을 가진 것이 아니라, 사회적 관계를 통해 인간만의 다양한 욕구를 형성한다. 그리고 바로 이러한 과정이 인간이 인간으로서 성장하는 과정이라고 할 수 있다. 이러한 과정을 통해서 인간은 도덕을 내면화하고 도덕적 욕구를 가질 수 있게 된다. 그러나 인간 욕구의 사회적 성격을 무시한 채, 인간의 욕구를 단지 동물적인 육체적 욕구로 보고 도덕은 그러한 욕구를 억제하는 것으로만 본다면 욕구와 도덕은 배타적 관계를 가질 수밖에 없다. 욕구(또는 욕망)냐 도덕이냐, 육체냐 이성이냐 하는 식의 이원론적 모델에서 욕구와 도덕은 갈등 관계를 피할 수 없다.

인간이 기본적으로 사회적 동물이라는 점을 인정한다면, 인간의 욕구도 기본적으로 사회적일 수밖에 없다. 인간의 사회적 욕구는 타인과의 관계에서 비롯되는 욕구이다. 특히 인간에게는 타인으로부터 인정을 받으려는 강한 욕구가 있다. 인간은 단지 육체적인 욕구나 생존 본능에 따라 행동하는 것이 아니라, 인정받으려는 욕구와 같은 사회적 욕구에 따라 행동하게 된다. 그리고 이러한 욕구는 가족, 학교, 직장, 국가 등의 공동체 내에서 실현된다. 또한 공동체는 인간의 욕구를 실현시킬 수 있는 곳일 뿐만 아니라, 인간의 사회적 욕구를 형성시켜 주는 곳이다. 인간은 자신이 속한 사회의 전통, 관습, 문화, 교육, 정치 등에 의해 자신의 사회적 욕구를 형성하게 된다.

그러므로 내가 행복이라고 생각하는 것, 가치 있다고 생각하는 것, 멋진 인생이라고 생각하는 것은 순수하게 나만의 생각이 아니라 많은 부분이 다른 사람들의 생각이기도 하다. 아무도 용감한 사람을 칭찬하지 않는다면 누가 용감한 사람이 되려고 애쓸 것인가. 아무도 부자를 부러워하지 않는다면 왜 부자가 되려고 하겠는가. 아무도 마른 여자를 예쁘다고 하지 않는데 어떤 여자가 필요 이상으로 살을 빼려고 할까. 이처럼 우리가 갖는 욕구들 중에는 많은 것들이 그 사회에 의해 만들어진 것들이다.

  사실 욕구뿐만이 아니라 과연 내가 누구인가 라는 생각, 즉 자아 개념도 타인들과의 사회적 관계에 의해 형성된다고 할 수 있다. 이러한 자아를 흔히 공동체적 자아라고 부른다. 나의 가족, 친구, 마을, 국가, 세계 등 타인들과 함께 하는 공동체적 관계를 모두 끊어 버린다면 혹은 처음부터 그런 관계가 없었다면, 나는 단지 한 마리의 동물에 불과할 것이다. 인간으로서의 나는 공동체적 관계에 의해 탄생한다고 볼 수 있는 것이다.

인간은 한 사회 체계의 부속품일 뿐인가?

  우리들의 욕망, 행복, 자아 개념 등은 사회적 관계에 의해 형성되기 때문에, 우리들의 가치관은 기존의 사회적 규범을 그대로 답습할 우려가 있다. 도덕의 경우에도 마찬가지이다.

우리가 옳다고 여기는 것들 중에는 우리가 속한 사회의 편견에 불과한 것들도 있다. 예를 들어 조선시대의 가부장적인 질서 속에서 여성의 올바른 삶은 집안에서 내조하고 순종하는 것이라고 여겨졌다. 많은 사람들이 그런 사회적 편견 속에서 형성되는 도덕적 가치들을 아무런 비판 없이 받아들인다. 그만큼 사회는 우리를 보수적으로 만드는 경향이 있다.

오래된 전통이나 종교에 의해 형성되는 가치관일수록 그 보수성은 더욱 강하다. 인도의 카스트제도가 만드는 계급이 얼마나 오랫동안 지속되고 있는지를 보면 쉽게 알 수 있을 것이다. 이렇게 형성되는 보수적 가치가 단지 그 사회의 편견에 불과하다는 것을 깨닫기는 결코 쉽지 않다. 이것은 과거의 경우에만 국한된 것이 아니다. 오늘날에도 사회 전체가 갖는 편견은 그 사회 안에서 쉽게 드러나지 않는다.

시장 체계(시스템)에 의해 움직여지는 자본주의 사회에서 시장에 의해 형성되고 정당화되는 인간의 이기적인 욕망을 보라. 시장에 길들여진 대부분의 사람들이 많이 생산하고 마음껏 소비하는 일을 조금도 부끄럽게 생각하거나 문제 삼지 않는다. 오히려 그러한 이기적인 욕구는 장려되고 숭배된다. 눈만 뜨면 보이는 주변의 광고들은 모두 우리의 소비적 욕망을 끊임없이 부추기고 있지 않은가. 적게 생산하고 적게 소비하는 소박한 삶은 단지 경쟁에서 패배한 자들의 삶이며 모두가 벗어나고 싶은 삶일 뿐이다.

사회 전체가 만들어내는 가치, 행복, 도덕 등의 관념에서 벗어나는 일은 쉽지 않은 것 같다. 소크라테스, 플라톤, 아리스토텔레스와 같은 철학자들도 당시의 노예 제도에 대해 아무런 도덕적 문제를 제기하지 않았다. 오히려 그것을 정당화하기도 했다. 그만큼 자신이 속한 체계의 편견에서 벗어나는 일은 어려운 일이다. 특히 그 체계가 자신에게 아무런 불편함을 주지 않는 경우에는 더더욱 그럴 것이다. 오늘날은 어떤가? 서구인들이 싼값에 언제나 즐기는 커피가 열대지방의 가난한 어린이들의 노동력 착취에 의해 생산되고 있듯이, 선진국의 풍요가 많은 부분 제3세계 민중들의 노동력 착취에 의존하고 있다는 사실이 서구인들의 정의감을 촉발시킬 수 있을까? 그들의 욕망을 줄일 수 있을까?

거대한 체계(시스템)가 가진 구조적인 문제는 잘 드러나지 않는 경우가 많다. 특히 그러한 체계에서 이익을 보는 사람들의 눈에는 더욱 드러나지 않는다. 그리고 체계의 부도덕성이 드러난다 할지라도 그것은 개인의 힘으로 어쩔 수 없는, 그래서 개인의 도덕성과는 무관한 문제로 간주된다. 사회 전체와 같은 큰 체계가 아닌 작은 집단의 경우에도 이런 경향은 무시할 수 없다. 예컨대 관료들의 집단에서 관료들은 단지 상급자의 명령이나 지시에 따라 행동할 뿐, 자신들의 행동을 도덕적 관점에서 보려고 하지 않는다. 자신은 단지 주어진 일을 성실하게 수행할 뿐이라는 것이다. 이러한 수동적이고 무비판적인 자신의 태도가 관료 사회의 경직성을 낳고, 구조적 문제를 강화시키는 원인이라는 사실은 쉽게 인식되지 않는다.

하지만 체계 속의 개인이 이처럼 무력하다고 해서, 무력함이 도덕적 면책의 사유는 될 수 없다. 일제의 한 병사가 조선의 위안부를 농락한 것은 일본 제국주의 전체의 탓일 뿐 한 병사에게는 아무런 도덕적 잘못이 없다고 말할 수 있을까? 인간은 그렇게 무력한 존재에 불과한가? 인간은 자신이 속한 체계의 한 부속품일 뿐인가? 체계가 개인의 많은 부분을 결정한다는 것은 틀림없는 사실이지만, 그것은 절반의 사실일 뿐이다. 왜냐하면 그 체계는 개인들에 의해 만들어진 것이고 또한 변화될 수 있는 것이기 때문이다. 개인의 무력함을 핑계로 체계에 순응하는 개인은 단지 수동적인 것이 아니다. 그는 체계의 부도덕성을 강화시키는 중요한 역할을 하고 있는 것이다.

악은 어디에 있는가?

1960년 예루살렘에서는 나치의 유대 인 학살 임무를 가장 효과적으로 기획하고 수행한 아돌프 아이히만의 재판이 열렸다. 이 재판을 지켜보고 취재한 철학자 한나 아렌트(Hannah Arendt, 1906~1975)는 아이히만의 평범함에 충격을 받았다. 아이히만은 사악한 성격의 인간이 아니었다. 그는 유대 인을 증오하지도 않았다. 그는 히틀러에 대한 충성심에서 관료적인 임무를 기계적으로 충실하게 수행했을 뿐이다. 그는 평범한 가장으로서 아이들을 끔찍이 사랑했으며, 자상한 남편이었다.

아렌트는 아이히만에게서 700만 명이 넘는 유대 인을 학살할 만큼 잔인한 그 무엇을 발견할 수 없었다. 그는 성실하게 직장 생활을 하고 이웃과의 사이도 좋고 가정에서는 자신의 역할에 충실한, 우리의 평범한 이웃들과 그다지 다를 것이 없는 인간성을 갖추고 있었다. 그녀는 이것을 '**악의 평범성**'이라고 불렀다. 악을 저지르는 것은 악마가 아니다. 악은 너무나 평범하게 널려 있다. 이렇게 평범한 악의 원인은 무엇인가? 아렌트는 무사유, 즉 '생각하지 않음'이라고 대답한다.

생각하지 않는 사람은 세상에 없다. 그러나 아렌트가 말하는 '생각'이란 모든 생각을 말하는 것이 아니라 **반성적 사유**이다. 다른 말로 하자면 성찰이라고 할 수도 있다. 반성적 사유는 도구적 사유 또는 기계적 사유와 대비된다. 목적은 이미 주어져 있고 목적을 실현할 수 있는 최선의 방법, 즉 최소의 비용으로 최대의 효과를 달성할 수 있는 방법을 찾는 사유가 도구적 사유이며 기계적 사유이다. 반면에 반성적 사유는 목적을 의심하고 탐색하며, 새로운 목적을 세우고 새롭게 결정하는 사유이다.

반성적 사유를 상실할 때 우리는 체계(시스템)의 노예가 된다. 반성적 사유 없이는 체계의 부도덕성이 보이지 않으며, 자신이 무슨 일을 하고 있는지도 알지 못하게 된다. 최근 이라크 포로를 개처럼 끌고 다니며 학대하고 기념사진을 찍은, 그것도 환한 얼굴로 자랑스럽게 사진을 찍은 것으로 화제가 된 미국의 여군 린디 잉글랜드 일병을 기억하는가? 순박한 시골 처녀였다는 그 아가씨가 그렇게 된 이유도 다른 곳에 있지 않다. 조직(체계)의 쓴맛을 볼까 봐 두려움에 떨면서 한 행동이 아니다. 그녀는 반성적 사유를 하지 않은 것이다.

인간을 인간답게 만드는 것, 그리고 인간을 동물과 구별해 주고 기계와도 구별해 주는 것은 다름 아닌 반성적 능력이다. 인간의 행복이 인간답게 사는 데 있다면, 반성적 사유를 상실한 삶은 그것이 아무리 풍요롭고 만족스러운 삶이라고 해도 결코 행복한 삶이 아니다. 인간의 행복은 이미 정해진 어떤 목표가 아니다. 그것이 진정한 행복일까 라고 검토하고 성찰하는 데 인간으로서의 행복이 있다. 소크라테스가 말했듯이 성찰하지 않는 삶은 인간에게는 살 가치가 없다.

더 읽어 볼 책들

- 폴 테일러, 김영진 옮김, 『**윤리학의 기본 원리**』(서광사, 1997).
- 가토 히사다케, 표재명 외 옮김, 『**현대 윤리에 관한 15가지 물음**』(서광사, 1999).
- 필립 반 덴 보슈, 김동윤 옮김, 『**행복에 관한 10가지 철학적 성찰**』(자작나무, 1999).
- 사이먼 블랙번, 고현범 옮김, 『**선**』(이소출판사, 2004).
- 로버트 L. 애링턴, 김성호 옮김, 『**서양 윤리학사**』(서광사, 2003).
- 김태길, 『**윤리학**』(박영사, 2006).
- 아리스토텔레스, 이창우 외 옮김, 『**니코마코스 윤리학**』(이제이북스, 2006).

민음 지식의 정원 철학편 002
윤리학
행복은 도덕과 갈등하는가?

1판 1쇄 펴냄 2009년 12월 18일
1판 7쇄 펴냄 2023년 9월 14일

지은이 | 편상범
발행인 | 박근섭
펴낸곳 | ㈜민음인

출판등록 | 2009. 10. 8 (제2009-000273호)
주소 | 06027 서울 강남구 도산대로 1길 62 강남출판문화센터 5층
전화 | **영업부** 515-2000 **편집부** 3446-8774 **팩시밀리** 515-2007
홈페이지 | minumin.minumsa.com

도서 파본 등의 이유로 반송이 필요할 경우에는 구매처에서 교환하시고
출판사 교환이 필요할 경우에는 아래 주소로 반송 사유를 적어 도서와 함께 보내주세요.
06027 서울 강남구 도산대로 1길 62 강남출판문화센터 6층 민음인 마케팅부

ⓒ편상범, 2009. Printed in Seoul, Korea

ISBN 978-89-94210-03-2 04100
      978-89-94210-01-8

㈜민음인은 민음사 출판 그룹의 자회사입니다.